몽마르트르 물랭호텔 1
Hôtel du Moulin

몽마르트르 물랭호텔 1

초판 1쇄 발행 2019년 7월 20일

지은이 신근수
펴낸이 장길수
펴낸곳 지식과감성#
출판등록 제2012-000081호

디자인 박예은
편집 이현, 박예은
교정 정은지
마케팅 고은빛

주소 서울시 금천구 벚꽃로298 대륭포스트타워6차 1212호
전화 070-4651-3730~4
팩스 070-4325-7006
이메일 ksbookup@naver.com
홈페이지 www.knsbookup.com

ISBN 979-11-6275-727-7(04810)
ISBN 979-11-6275-726-0(세트)
값 12,000원

ⓒ 신근수 2019 Printed in Korea

잘못된 책은 구입하신 곳에서 바꾸어 드립니다.
이 책의 전부 또는 일부 내용을 재사용하려면 사전에 저작권자와 펴낸곳의 동의를 받아야 합니다.

이 도서의 국립중앙도서관 출판예정도서목록(CIP)은 서지정보유통지원시스템
홈페이지(http://seoji.nl.go.kr)와 국가자료공동목록시스템(http://www.nl.go.kr/kolisnet)에서
이용하실 수 있습니다. (CIP제어번호 : CIP2019027036)

홈페이지 바로가기

몽마르트르 물랭호텔 1

Hôtel du Moulin

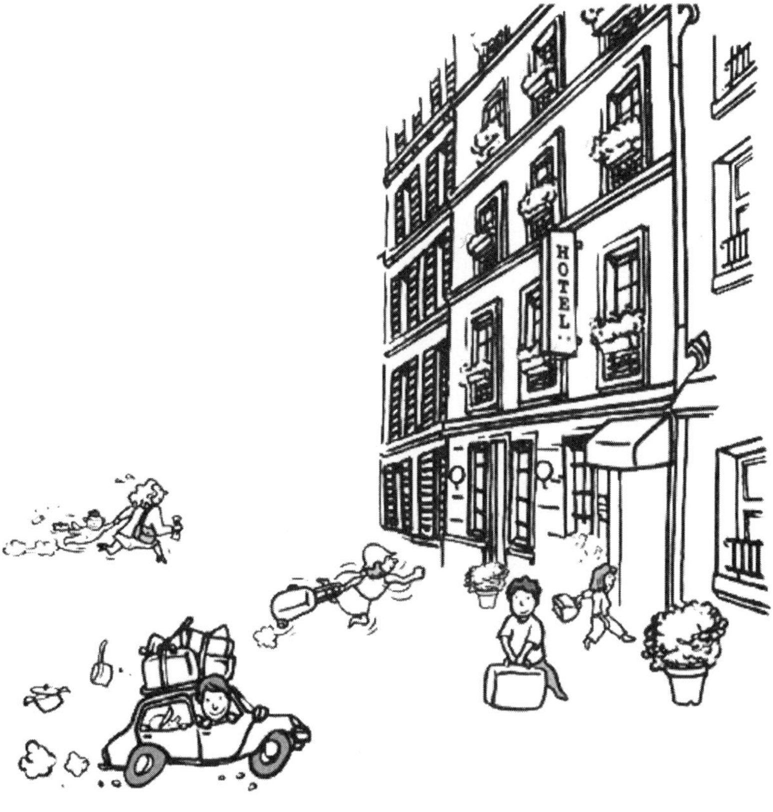

지식과감성#

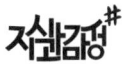

Pour Aurelia, Hee il, Eurydice, Solal, Mamy
et Me Etienne Riondet, M. JF Bernard

Contents

이야기에 앞서서 · 009

이야기를 시작하며 | 평범한 세계인-27만 명의 추억 · 025

이야기 1 파리 몽마르트르-물랭호텔 · · · · · · · · · 028
이야기 2 거리의 첼리스트 그리고 개업식 · · · · · · · 032
이야기 3 백만 달러의 은행원, 한국인 신용조사 · · · · · 041
이야기 4 물랭호텔 최고의 고객 · · · · · · · · · 052
이야기 5 일본 사람과 무한 우정 · · · · · · · · · 060
이야기 6 외로운 포먼 씨와의 이별 · · · · · · · · 076
이야기 7 영화하는 사람 · · · · · · · · · · · 086
이야기 8 음악하는 사람 · · · · · · · · · · · 121
이야기 9 연극하는 사람 · · · · · · · · · · · 136
이야기 10 노래하는 사람 · · · · · · · · · · · 151
이야기 11 그림 그리는 사람 · · · · · · · · · · 161

이야기 12 글 쓰는 사람 · 167
이야기 13 발레하는 사람 · · · · · · · · · · · · · · · · · · · 186
이야기 14 나쁜 사람 · 203
이야기 15 아름다운 사람 · · · · · · · · · · · · · · · · · · · 212
이야기 16 프랑스 사람 · 233
이야기 17 이루지 못한 꿈 — 음악 기숙사 · · · · · · · · 251
이야기 18 사라진 호텔, 생존한 호텔 · · · · · · · · · · · 262
이야기 19 여자의 힘 · 278
이야기 20 부지런해야 산다 · · · · · · · · · · · · · · · · · 287
이야기 21 썰물의 추억 · 291

다음 추억을 위하여 · 294

· 몽마르트르 물랭호텔 1 ·

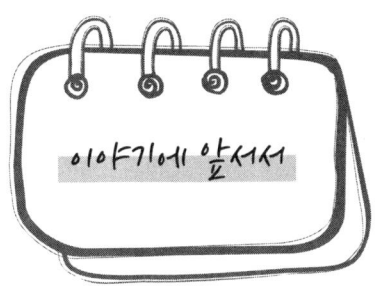

1. 런던-2019-5월

—

'턴햄 그린(Turnham Green)'은 주소는 런던으로 표시되지만, 중심가에서 지하철로 1시간 걸리는 변두리이다. 위치로 보아도 '히드로' 공항 쪽이 더 가깝다. 동네는 대개 단독주택이며, 다주택이 그 사이에 드문드문 끼어 있는 모양새이다. 그나마나 2층 건물들이 대부분이어서 동네 자체가 나지막하고, 한적하다.

이 동네, 한 귀퉁이에 '리듬 앤드 브로우(Rhythm&Brew)'라는 간판을 단 카페가 있다. 앞길을 지나면서, 이런 생각을 했다.

'언젠가 나도 한번 들어가 보아야지.'

멋있어서가 아니라, 어떻게 생겼는지 궁금해서였다. 과연 이런 동네에 왜 이런 카페가 있어야 하는지, 의문이었다.

'묘한 카페네!'

참 이상한 장소에, 참 이상한 간판을 달고 있는 가게였다.

아닌 게 아니라 건물에 '약방'이라는 과거의 간판이 그대로 남아 있었다. 까만 페인트로 덧칠하여져 있어서 눈여겨보지 않으면 알아볼 수 없게 감추어져 있었다. 과거에 이 자리에 약방이 있었고, 어느 시점에서인가 카페 간판으로 바꿔 달게 된 역사를 가졌을 것이 분명했다.

약방이 떠난 데는 또 그만한 이유가 있었을 터이다. 예를 들자면, 장사가 잘 안되어서라던가. 망해 나간 약방 자리에 카페가 들어섰다? 잘 이해가 되지 않았다.

'언젠가, 한번쯤, 들어가 보아야겠다'는 마음을 먹게 된 데는 또 다른 이유도 있었다. 우선, 땅 위에 세워 놓은 나무 안내판이다. 흑판 위에 분필 글씨로 '매주 토요일 오후 5시부터 9시까지-라이브 뮤직'이라고 적혀 있다.

'라이브 뮤직?'

장사가 잘 안되어서 손님을 끌기 위한 호객용일까. 연주자는 카페 주인? 또는 돈 주고 데려오는 연주자? 궁금증이 부글부글했다.

이 카페의 또 다른 특징은 런던 어디서나 흔히 만날 수 있는 '펍'이 아니라는 점이다. 보통 펍에서는 맥주나 위스키를 마시거나, 간단한 식사를 할 수 있다. 텔레비전으로 축구경기가 중계되는 날이면, 축구 팬들을 위하여 자정 너머까지 떠들고 술 마시는 기회를 만들어 주는 장소가 바로 펍이다.

그러나 줄여서 'R&B'라고 간판을 붙인 이 카페는 그런 분위기와는 아주 달랐다. 영업시간 자체가 오전 8시에서 오후 6시다. 토요일에만 라이브 뮤직을 하며 저녁 장사를 한다는 식이다.

카페 안은 건물이 길쭉한 모양새라 밖에서는 안이 잘 안 보였다. 창가에 앉은 사람들은 인터넷을 하고 있었다. 밖에서 보기에 손님들의 연령층이 꽤 높아 아주머니, 아저씨 나이로 보이는 사람들이 많았다. 하여간에 별난 카페라는 선입감을 지울 수 없었다.

또 궁금한 것은, 한가한 주택가 분위기에 비해서는 꽤 손님이 들락날락거린다는 점이다. 와글와글- 수준은 아니지만, 손님이 꽤 있어 보였다. 큰돈을 벌 수준은 아니고, 망할 정도도 아닌, 그저 고만고만하게 장사하는 카페로 짐작되었다. 약방이 망해 나갔을 이 한적한 구석에 별난 카페가 버텨 나간다는 것 자체가 신기해 보였다.

R&B라는 이름도 호기심을 부추겼다. 리듬 앤드 브로우는 '음악과 마실 것' 정도로 번역할 수 있을 터인데, 또 이런 표지판도 붙어 있었다.

'음악과 커피, 맥주, 포도주를 사랑하는 사람들을 위한 곳'

상업적 분위기가 당연한 여느 카페와는 다른 간판에 색다른 표현들이어서 더 궁금했다.

어느 날, 드디어 처음 들어가 보게 되었다. 카페 안에 음악이 가득했다. '비틀즈'의 〈예스터데이(Yesterday)〉가 흘러나오고 있었다. 이게 몇 년 만인가?

'오, 〈예스터데이〉!'

커피를 짜내는 종업원이 일하는 공간의 뒷 벽면에 붙여진 많은 포스터들이 눈길을 끌었다. '엘비스 프레슬리', '비틀즈', '레이 찰스', '프랭크 시나트라' 등. 모두가 60년대 가수들의 얼굴들로 채워진 대형 포스터들이었다. 이 시대에 나는 중학교, 고등학교 그리고 대학을 다녔다. 내 젊은 날을 채웠던 과거의 가수들이다.

포스터 옆에 음악을 틀어 주는 데스크가 있는데, 이 또한 60년대식이었다. 산같이 쌓인 레코드판은 모두가 LP 판들로 그 수가 어마어마하여 한쪽 벽면을 통째로 차지하고 있었다. 이 카페의 주인은 내 또래의 연배이고, 60년대 음악을 즐기던 마니아가 아닐까, 추측했다.

나중에 다시 보자니, 'LP 판을 트는 추억의 장소'라는 표시가 따로 되어 있는 것을 발견했다.

흘러간 노래들을 들으면서, 나는 '타임머신'을 타고 그 시대로 빨려 들어

가는 착각을 느꼈다. 60년대, 10대 시절, 그로부터 반세기보다 더 긴 시간이 지났다. 앞으로 나는 살아온 시간보다 살아갈 수 있을 시간이 훨씬 짧을 것이다….

〈예스터데이〉,

과거,

젊은 날,

시간,

추억,

기억,

사람과 사람 그리고 사람들….

2. 서울-2019년 4월

"어디서 만나죠?"

내가 물었다.

"지금 묵는 호텔이?"

김 형이 나에게 물었다.

"강남 지하철역에서 멀지 않습니다."

"아 그럼, 근처 이런이런 이탈리아 식당에서 뵙죠. 주소가 어디어디인데요."

지난봄, 오랜만에 서울에 갔다. 그동안 만나지 못했고, 만나고 싶었던 분들을 만날 수 있었다. 그날 저녁, 우리 두 사람은 6시에 만나서 9시 반에 헤어졌다. 3시간 반 동안의 만남 중에서 정작 식사는 30분도 안 되었다. 아니, 식사하면서도 대화하였으니 210분 동안의 대화였다. 그래도 모자라서 뱅뱅- 사거리까지 걸어가면서 더 이야기를 나누었다. 지난 30여 년간의 시간을 3시간 정도에 맞추어 추억하자니, 아쉬움을 남기며 헤어져야 했다.

· 이야기에 앞서서 ·

"건강하십시다."

"다음에 만나면 더 오랜 이야기 시간을 가질 수 있기 바랍니다."

"살펴 가십시오."

우리 김 형은 오랜 직장생활을 멋있게 마치고 은퇴하였다. 본사, 프랑스, 동남아, 미국, 본사 근무를 거쳤다. 퇴직 후에도 배움을 계속하려고 그날도 근무했던 회사의 동료들이 참석하는 세미나에 갔다 오는 길이라 하여 나의 부러움을 샀다. 나는 대화 중에서도 더 오래 기억에 남을 이야기들이 있었다. 그가 말했다.

"세상이 얼마나 빨리 변하는지, 따라잡으려니 더 열심히 살아야 하네요."

김 형의 따님과 아드님은 둘 다 미국에서 우리가 잘 아는 최고 명문 대학을 나왔다. 따님은 유엔에서 일하고, 아드님은 더 좋은 명문 대학에서 박사과정을 밟고 있다. 직장인으로서 한국 최고의 직장 경력을 다 잘 끝내고, 자녀들이 다 잘되는 것보다 더 큰 행복이 무엇이 있을 것인가.

"다 김 형께서 열심히 일한 결과입니다."

"아닙니다. 사실은 제 아버님이….'

사연이 감동적이었다.

김 형의 부친이 남긴 장학기금으로 지금 200명의 장학생이 혜택을 받고 있다고 한다.

아버님이 세상을 떠나실 때, "너희들에게 남기는 유산은 없다"는 말씀만 남겨 자손들조차 이 사실을 나중에야 알게 되었다는 것이다.

큰 감동이고, 충격이었다. 오늘날 한국에서 왼손이 하는 좋은 일, 오른손이 모르게 하는 부모님이 과연 몇 분이나 될는지.

헤어져서 걸으며 생각했다.

그 아버님에 그 아드님.

훌륭한 부모에 훌륭한 자녀.

김 형은 함께 근무했던 동료들에 대한 배려와 기대 또한 남달랐다.

"함께 근무하던 분들이 지금 런던, 파리, 뉴욕에서 열심히들 일하고 있으니, 감사하죠."

3. 무엇을 남길 것인가?

'햄릿 가든(Hamlet Garden).'

런던의 한 공원 앞 골목길 이름이다. '셰익스피어 거리'가 아니라 '햄릿 거리'라니. 문학작품 속 인물이 거리 이름이 된 도시가 또 어디 있을까, 궁금했다.

이 길 앞에 위치한 너른 공원의 잔디밭에서 젊은이들은 축구며, 배구, 배드민턴, 럭비를 한다. 공원을 관통하는 길가에는 수백 년 나이가 넘는 나무들이 줄줄이 서 있다. 이 나무가 만들어 주는 그늘 아래, 나무 의자가 하나 있다. 이 의자에 붙여진 작은 동판 위에 새겨진 세 줄 글씨가 눈길을 끈다.

이 의자 위에 걸터앉아 살아온 날들을 돌이켜 보았다. 하고 싶은 일들은 많았지만, 다 못 이루었다. 다니던 회사는 공중 분해되었고, 쓰고 싶던 글은 생존 속에서 실종되었고, 꿈꾸던 음악 기숙사 또한 이루지 못하였다. 찰리 우드 씨처럼, 작은 나무 의자 하나를 이 세상에 남기고 싶다.

· 몽마르트르 물랭호텔 1 ·

· 이야기에 앞서서 ·

1949-2014

'찰리 우드(Charlie Woods)'

생전에 사랑하던 공원에 이 의자를 기증하여 남겼다.

4. 고마움을 남기며

―

나는 이룬 것이 없다. 혹시 이룬 것이 있다면, 살아오면서 '이룬 것이 많은 사람들'을 많이 만날 수 있었던 것이다. 그분들과의 인연에 감사한다. 감사할 줄 아는 것에 관해서라면, 손주들이 태어나서 함께 생활하며 새롭게 배웠다.

5형제 중 막내여서 자라면서 가족들의 사랑을 많이 받았다. 일하는 나이가 되어서도 마찬가지였다. 선배님들의 많은 배려와 도움을 받았다. 좋은 분들을 많이 만나 감사하고 행복하다.

고교 문예반 '꾀꼬리 동산' 시절의 황석영 형, 양동표 형, 박옥걸 님, 고(故) 우옥영 형이 추억이다. 동급생 이원택, 류재엽, 신용우, 김재훈, 고 정광진, 고 박종원은 평생의 우정이다.

문학 동아리 '썰물'의 전경자 님, 심순진 님, 윤성숙 님, 이경원 님, 공원식 님, 고 여익구 님도 드문드문 반가이 만날 수 있었고, 그렇지 못한 경우도 있다.

'고대신문'의 오탁번 형, 이윤희 형, 김동성 형, 박용수 님, 이창묵 님, 고 정영준 님 그리고 양해경 님, 박영호 님을 만나 젊은 날의 열정을 불태울 수 있었다.

'서울신문'의 김창웅 선배, 공영명 선배, 박동일 선배, 김성배 선배, 또 한편 권영길 님, 권오휴 님들과 남다른 전우애를 나누었다.

유니세프(UNICEF) 은퇴 후 뉴욕에서 생활하시는 김재희 선배는 파리 방문 때마다 남동생처럼 챙겨 주셔서 감사했다. 윤금초 님, 백시종 님도 좋은 기억 속에 남아 있다.

회사생활 때는 고 신영수 회장님, 고 신기수 사장님이 한 가족으로 대해 주셨다. 내 할 일을 다 못하여 한이 많다. 신웅식 변호사님은 인간적이고 객관적인 조언과 도움을 많이 주셨다. 감사하다는 표현만으로는 그 고마움을 다 적을 수 없다. 모시고 일한 여러 중역분들로부터도 분에 넘치는 격려와 지원을 받았다. 열악한 환경에서 힘든 일과 보람을 함께 나누었던 해외 현장에서의 잊을 수 없는 추억들이다.

입사 때부터 형제가 되어 함께 일한 황주하 님이 내 대신 고생하여 죄송하고 감사하다. 민종일 님의 도움도 컸다.

미국에 사는 고교 동창 이원택, 신철순, 신광순, 이상욱, 박민식, 조용원, 박봉근, 고 최석규, 고 맹우열 등 여러 친구들에게 두루 마음의 큰 빚을 졌다.

개업 초기, 김태희 님, 정미애 님의 주인의식이 투철한 업무 정신에 큰 도움을 받았다. 이후의 물랭호텔은 다 이 두 분의 흔적이 바탕이 되었다.

파리에서는 김양규 님, 김문수 님이 우리 가족의 수호천사님들이었다.

동창 김일태, 김영철로부터도 많은 도움을 받았다.

전진수 님, 전현수 님, 노희창 님, 이명조 님, 이석수 님, 장광범 님, 윤성운 님, 강희석 님, 최규석 님과 나눈 시간들 또한 아름다운 추억들이다.

독일의 양해경 님에게도 신세를 많이 졌다. 조인학 씨의 수고가 기억에 남는다.

에스트래픽 신기태 님과 함께 일하던 분들과 함께 보낸 시절 또한 고귀한 시간이었다.

지난해, 강태형 님과의 포르투갈 여행에서는 많이 배우고, 깊은 감명을 받았다. 이후 신경숙 씨의 문학적 팬이 되었다.

지식과감성# 분들께도 감사하다.

이 분들의 이름을 적는 것만으로도 가슴이 설렌다.

멀리 떨어져 살고 있어, 이 책으로 고마움을 전하며 이야기를 시작한다.

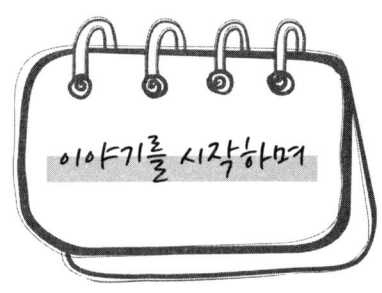

평범한 세계인-27만 명의 추억

물랭호텔은 별 2개의 관광호텔이어서, 주 고객이 평범한 사람들이었다. 국적이 다양했다. 평범한 세계인들과의 만남에는 특별한 사연도 많았다.

파리 몽마르트르-물랭호텔에서 만난 사람들을 줄잡아 보니 연인원 27만 명이었다. 여기서 연인원이란, 아침 리셉션에서 만난 사람 수를 뜻한다. 2박 3일의 평균 숙박일수와 여러 번 만난 단골 고객 이름으로 나누면 5만 명 수준이 될 것이다.

어떻게 이렇게 많을 사람을?

첫째, 자영 숙박업의 특성과 운명.

둘째, '몽마르트르'라는 위치.

우선, 자영업자여서 온 가족이 달라붙어 일했고, 함께 일하던 근무자는 모두 파리 유학생들이었다.

파리에서 사는 동안, 수백 명, 또는 수천 명이 넘을 젊은이들과 일했다. 어려움을 함께 나누기도 하고, 보람을 느끼기도 하였다. 이 중에는 나중에 한국에서 장관을 지낸 사람도 나왔다. 대부분은 대학에 가서 자리를 잡았다.

다음은 몽마르트르이다.

우리 호텔은 매일 3만 명, 연간 1천만 명의 여행자가 방문하는 이 언덕의 중턱에 위치했다. 줄잡아 한 해 1만 명의 고객을 맞았으니, 몽마르트르 전체 방문자의 0.001%에 해당한다. 수치로만 보자면 적지만, 의미는 상당하다.

몽마르트르 언덕 위의 거리 중에서도 우리 호텔은 가장 많은 사람들이 지나는 '아베스(Abbesses)' 거리가 문 앞이었다. '물랭루즈(Moulin Rouge)'와 '성심성당(Sacré Coeur)'의 중간이었다고 설명하면 이해가 빠를 수 있겠다.

근무자가 수십 명 일하는 체인호텔이 아니어서, 주인이 바빴다. 바빠야 했다. 긴장 속에서 살았다. 살아남아야 했다. 빈 방이 생기면, 호텔에서 잤다. 밤 근무자가 있었지만, 비상상황 발생 때, 많은 고객들을 혼자서 도와주기는 불가능하다고 생각했다.

세계 어느 숙박업소를 가더라도 마찬가지일 것이다. 호텔에서는 365일, 24시간, 크고 작은 일들이 끊이지 않는다. 나의 경우는 매상과 상관없이 아예 객실을 하나 차지하고 호텔에서 생활했다. 그게 마음이 더 편했다. 고객들과 똑같은 환경에서 생활하며 고칠 점을 발견하려고 애썼다. 또 만

약의 상황이 발생했을 때, 고객과 밤 근무자를 먼저 보호하고 내가 최후의 종결자로 남기 위해서였다.

초기에는 한국인이 많았다. 그러나 세월이 지나면서 외국인으로 바뀌었다. 한국인은 출장자가 대부분이었는데, '갤럭시' 핸드폰 개발 출장자들이 3개월씩 장기로 숙박하여 한 가족이 되었다. 프랑스 회사와의 일이 많았던 'S Traffic' 출장자들과의 추억 또한 매우 의미 있는 시간이었다.

프랑스는 언어뿐 아니라 많은 것이 다른 나라와 달라서 근무자가 고객을 도와야 할 일이 많았다. 동유럽 장벽이 무너진 이후로는 소매치기, 들치기, 네다바이, 절도 등 범죄가 늘어나서 더했다.

여행자가 지하철이나 관광지에서 피해를 보았을 때의 절망감은 당해 보지 않은 사람은 이해 못한다. 외부에서 피해를 당했더라도, 이런 분들과 경찰서에 가는 일을 의무로 생각했다. 한 해에 10번 넘게 경찰서에 갔던 때도 있었다. 비장한 의무감으로 무장하고 동행했다.

27년 동안 27만 명은 세계인들과의 만남이었다.

한국, 일본, 중국, 유럽, 미주, 호주, 아프리카를 망라했다. 이분들은 대개가 평범한 세계인들이었다. 별 2개 호텔이어서 가능했을 것이다. 언어와 얼굴이 달라도, 사람이란 대개 다 같았다. 평범한 세계인들과 한 지붕 아래서 귀중한 시간들을 보냈다.

그 소중한 추억들을 회상한다.

이야기 1

파리 몽마르트르-물랭호텔

파리는 유럽의 중심이다. 지도를 펼치면, 유럽 대륙의 모든 교통편이 파리를 기점으로 펼쳐져 나가는 것을 볼 수 있다.

파리에서 지구의 동쪽으로 가면 8시간 시차의 서울과 만난다. 서쪽으로 가면 역시 8시간 시차의 '로스앤젤레스(LA)'이다. 시간으로 따지면, 서울이 파리보다 앞서간다. LA는 뒤따라온다. (서머타임(Summer Time) 때는 7시간.)

위치로 보자면, 아시아 대륙과 미주의 중간 지점이다. 지구본을 돌려 보면, 유럽 북반부의 배꼽 부분에 해당한다.

프랑스는 '세계 최대의 관광 대국'이다. 지정학적 위치에서 큰 덕을 보았을 것이다. 2018년에 9천만 명을 찍었다. '2024년 올림픽' 때까지 연간 1억 명이 목표이다. 지금 추세라면, 손쉽게 이룰 수 있을 수치이다.

프랑스 인구는 6천 8백만. 한 해 관광객이 9천만 명이라는 수치는 자기 인구보다도 30%가 더 많은 외국인이 프랑스를 방문한다는 것을 의미한다.

한국과 비교하여 보자. 한국을 방문하는 외국인 방문자나 여행자의 수가 1천 5백만 명이다(2018년 기준). 이는 한국 인구의 30% 선이다.

요약하면, 프랑스와 한국은 외국인 관광객 숫자가 거꾸로 30%씩이다. 프랑스는 자기 인구의 +30%, 한국은 자기 인구의 -30%이다. 프랑스가 남한의 5배 면적을 가진 나라이기는 하다. 그릇이 커서 관광객이 많은 것일까. 만일, 인구 5천만 한국에 프랑스 비율대로 한국에 관광객 6천만 명이 방문한다면? 남한 반도에 1억 1천만이 북적대게 된다.

2019년으로부터 42년 전인 1977년, 잊혀지지 않는 기억이 있다. 한국에서 '100억 달러 수출 돌파 기념식'이 거창하게 이루어졌다. 이 행사는 대통령이 수출의 역군들에게 상패를 주는 장면이 텔레비전으로 중계되었으니, 당시의 한국 입장으로서는 거의 죽고 사는 중요한 이벤트였다. 같은 해, 프랑스는 '관광수입'만 따져서 100억 달러라고 일간지 《피가로》에 소개했다. 파리에서 이 기사를 경이로운 눈으로 읽었다.

당시, 한국의 100억 달러란 외국에서 원자재를 들여다 값싼 노동력으로 제조해서 수출한 금액이다. 프랑스 관광수입 100억 달러란, 원자재 투자가 필요 없는 '알짜수입'이다.

한국에는 몇 %의 인건비가 수입의 전부였다. 프랑스는 관세청에 공식 신고된 수치가 그 정도였다. 관광객들이 현금으로 지출한 택시비, 술

값, 밥값, 호텔비가 잡히지 않은 숫자이다. 현금 수입까지 합치면 최소한 150~300% 또는 그 이상이 되었을 것이다.

몽마르트르는 한 해 1천만 명 방문객을 자랑한다. 성심성당 덕택이다. 고작 해발 100미터 높이에 서 있지만, 파리가 평지여서 어디서나 다 잘 보인다. 하루 3만 명. 요즘도 몽마르트르 언덕을 오르내리자면, 사시사철 인파에 휩쓸려 걷기가 힘들다. 1천만 명 기록은 '파리 디즈니랜드'와 파리, 런던을 오가는 '유로 스타'가 공유한다. 한술 더 떠서, 2018년에는 1천 1백만 명을 돌파했다.

파리에서 살아온 세월이 43년. 이런저런 일을 하였지만, 물랭호텔에서의 시간이 가장 길었고 사연 또한 충만했다. 그리고 정말 많은 사람들을 만날 수 있었다.

'몽마르트르 물랭호텔.'

한국인 국적으로서, 거의 무일푼에 가까운 낯간지러운 자기자본금을 가지고 파리 처음의 한인호텔이라는 기록을 가졌다. 과거 한 한인호텔은 프랑스 국적의 한인이 운영했고, 다른 한인호텔은 파리 교외에 있었다. 순수한 한인호텔이 아직 파리 시내에는 없다.

산다는 것은, 사람과 사람의 만남이다.

개업 초기부터 많은 분들로부터 많은 도움을 받았다.

김태희 님과 정미애 님은 연극인 임영웅 님의 부인, 오증자 교수님의 서울여대 불문과 제자였다. 두 분은 물랭호텔 개업 초기에 큰 도움으로 우리에게 행운과 기적을 선물하여 주었다.

이후, 수많은 파리 한인 유학생들과 같이 일했다. 지금은 이분들 모두가 한국에서, 프랑스에서, 제각기 다른 분야이지만 다들 중요한 위치에서 훌륭한 역할을 하고 있음을 멀리 바라다보면서 보람을 느낀다. 우리들의 오늘이 있기까지에는 이분들의 땀과 열정이 든든한 자산이었다. 한 분 한 분에게 무한한 감사를 전한다.

이야기 2

거리의 첼리스트 그리고 개업식

회의가 끝났다. 1988년이다.

거리로 나서자, 후두둑— 빗방울이 떨어졌다. 잔뜩 흐린 하늘로 먹장구름이 몰려왔다. 비를 피하기 위하여 지하철 정거장을 향해 걸음을 재촉했다. 피곤했다. 마지막 면담이어서 더했다.

'과연 대출을 받아서 호텔업자가 될 수 있을 것인가?'

또는,

'신청한 대출이 반려되어 원점으로 돌아가게 될 것인가?'

이 거리는 밑으로 프랑스 국립도서관을 지나 '몰리에르(Molière)' 극장, '국정 자문회의(Conseil d'etat)'를 거쳐 루브르 박물관으로 이어지는 뒤편의 길이다. 일본, 한국식당과 식품점이 줄줄이 이어져 있는 '쌩딴(rue Saint Anne)' 거리와 한 발짝 건너 어깨를 나란히 한다. 위로 가면 오페라

좌와 이어지는 '블르바르 이탈리안(Boulevard Italian)'. 내가 타야 할 지하철 정거장 이름이 그 거리의 '리쉘리에(Richeliet)'이다.

오늘 회의 결과에 따라 판정이 내려진다. 신청자인 나는 운명의 교차로에 서 있었다. 우리 가족의 미래가 프랑스은행 CEPME(중소기업 지원은행, Crédit d'équipement des Petites et Moyennes Entreprises) 손안에 쥐어져 있었다. 이 은행의 주소가 '리쉘리에(rue Richelieu)' 거리였다.

지하철 승강장으로 향하는 계단을 내려갔다. 어디선가로부터 클래식 음악 선율이 흘러왔다. 흔히 만나는 거리의 음악사로 짐작했다. 몇 푼의 동전 수입을 목적으로 하는 연주자들이다.

이런 음악사들은 파리 지하철에 많다. 객차 안을 돌아다니며 모자를 돌려 수입을 올리는 경우도 있고, 때로는 지하철 정거장 안에 붙박이판을 벌려 놓고 연주하는 사람도 있다. 대개는 기타, 색소폰, 아코디언이 악기이고, 레퍼토리는 대중음악이 많다. 정통 클래식을 연주하는 경우는 적다. 탑승장으로 이어지는 계단을 내려가면서 음악 소리는 더 선명해졌다. 나의 호기심도 커졌다.

1. 지하철 정거장의 첼리스트

연주는 첼로 독주였다. 언젠가, 어디선가, 여러 번 들은 기억이 나는 선율이었다. 호기심은 놀라움으로 진화했다. 우선, 구경하는 사람들 수가 엄청 많았다. 이들에 가려 연주자의 얼굴을 볼 수 없었다.

이 또한 흔한 일이 아니다. 나의 경우는 과거에 귀로 흘려들으며 흘깃-눈길 한 번 주고 지나가는 경우가 대개의 경우였다. 은은한 첼로 선율에 이끌려 사람들 속으로 빨려 들어갔다. 아름다운 곡이었다.

'무슨 곡이더라?'

귀에 익은 곡이기는 했다. 그러나 제목이 생각나지 않았다. 연주자는 눈을 감고 연주에 몰입한 표정이었다. 헐렁한 바바리를 걸친 모양인데, 키가 커서 2미터가 넘어 보였다. 30대 초반의 나이? 머리숱은 헝클어지고, 입술 아래로 수염을 듬성 가진 얼굴이었다. 연주가 다 끝나갈 때, 첼로곡의 제목이 생각났다.

'아, 그렇지!'

바흐의 무반주 첼로곡 1번.

근사한 연주였다. 첼로의 활을 거두며 연주자가 허리 굽혀 인사했다. 몇 몇 사람이 박수를 보냈다. 나는 손등을 마주쳐서 큰 소리가 나지 않게 박수를 대신 했다. 어떤 이는 연주자 앞 모자 위에 동전들을 놓았다. 구경꾼들이 다 떠났을 때, 내가 인사했다.

"멋진 연주였습니다."

모자 안에 모인 동전을 모으며, 그가 말했다.

"감사합니다."

"나중에 연락할 수 있을 전화번호를 주실 수 있을까요?"

"물론이죠."

서로 종이와 볼펜을 찾았다. 두 사람 다 종이가 없었다. 대신 내가 호주머니에서 지하철표를 찾아냈다.

"여기다 전화번호를 적읍시다."

"그런 방법도 있겠네요."

전화번호를 적으면서 연주자가 자기소개를 했다.

"'로베르'라고 합니다."

"저는 신씨 성을 가진 한국인이니까, '무슈 신'으로 불러 주세요."

잠시 뜸을 들인 후, 말했다.

"제가 제안을 하나 드려도 될까요?"

"말씀하시죠."

"내년 이맘때, 혹시 제가 호텔 주인이 되어 있을 수도 있습니다. 만일 제가 은행 대출에 성공하여 제가 로베르 씨를 개업식에 초청한다면, 연주해 줄 수 있겠습니까?"

"물론이죠."

악수하고, 헤어졌다.

2. 다시 만나다

―

1년 후, 신청했던 대출을 받아 재건축을 거의 마쳐 개업식 준비를 하게 되었다. 처박아 두었던 지하철표 위 전화번호를 간신히 찾아냈다. 로베르에게 전화했다.

"기억하실지 모르겠는데…."

"오, 무슈 신?"

비상한 그의 기억력에 내가 놀랐다.

"1년 전 약속대로 우리 개업식을 위한 연주를 해 줄 수 있을까요?"

기다렸다는 듯이 그가 말했다.

"물론이죠."

개업식과 관련한 나의 계획을 듣더니, 로베르가 제안했다.

"3중주는 어떨까요? 제가 함께 연주하는 분들이 있습니다."

"오우- 케이."

물랭호텔 개업식에서 로베르는 3중주로 연주했다. 첼로, 하프, 바이올린의 악기 구성이었다. 연주자들은 큰 음악회에서처럼 멋진 연미복 차림으로 나타났다. 지하철에서 만났을 때, 바바리 차림에 덥수룩한 수염의 로베르와는 아주 딴사람이었다.

연주가 훌륭했다. 초저녁 때 바흐, 모차르트, 비발디로 시작한 클래식이 밤이 되면서 비틀즈의 〈예스터데이〉까지를 망라했다.

레퍼토리의 마지막은 요한 슈트라우스의 왈츠였다. 음악과 샴페인에 취한 초대객들이 자연스럽게 나서서 춤으로 개업식의 마무리가 장식되었다.

3. 클래식 3중주 개업식

―

개업식은 대성공이었다. 150명 정도 참석자에 한국인과 프랑스인이 절반씩, 파리 주재 한국 일간지의 특파원단까지 참석했다. 우리 때문에 일부러 온 것은 아니고, 그날 모임을 가졌는데 궁금해서 방문했다고 말했다. 대출해 준 은행은 물론 가깝게 지내는 프랑스 친구들의 눈이 휘둥그레졌다.

"멋진 개업식입니다."

"파리에 처음 문을 여는 한국인 호텔이니 꼭 성공하십시오."

덕담이 쏟아졌다. 3중주단의 훌륭한 음악이 단단히 한몫을 해 준 셈이다. 지하철 정거장 속에서 로베르를 1년 전에 만났을 때, 이 정도로 음악 수준이 높은 줄 몰랐기 때문에 나의 놀라움은 더했다. 고마웠다.

"여러분 덕분에 개업식이 더 빛날 수 있었습니다."

두둑한 수고료를 전달했다. 그러나 로베르의 설명을 듣자 하니 3중주단의 높은 음악 수준에 놀랄 일도 아니었다. 그가 말했다.

"사실은 저희 세 사람이 다 잘 알려진 오케스트라에서 연주하는 단원들입니다.

제 나이가 가장 어리죠.

두 분은 이스라엘 혈통을 가진 분들인데 때때로 부유한 유태인들의 결혼식이나 생일잔치에 초대 받아 연주합니다.

초청한 분들의 자가용 비행기를 타고 지중해나 미국에 가서 연주한 적도 있으니까요."

이날 개업식을 시작으로 호텔 문을 열었다.

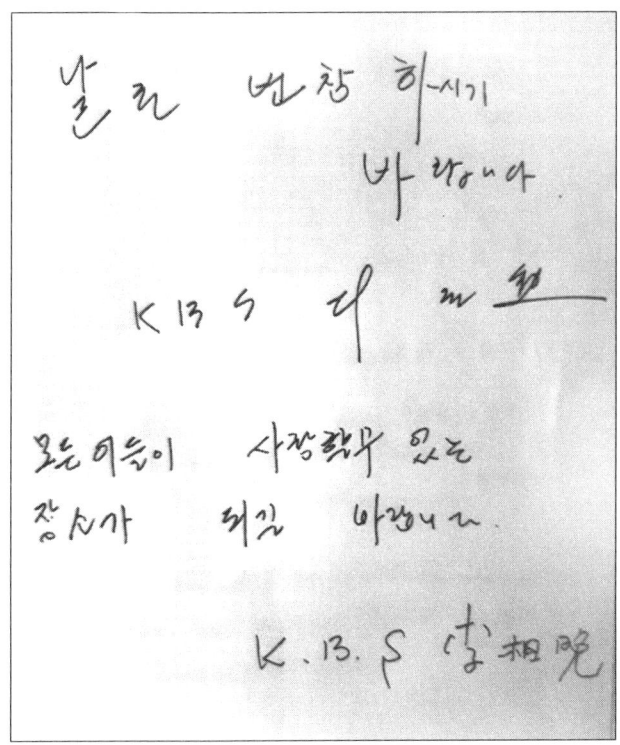

개업식 때, 파리 특파원단의 축하 방문이 있었다. 당시 KBS-TV 두 분이 '날로 번창하며, 모든 이들이 사랑하는 장소'가 되기를 기원했다.

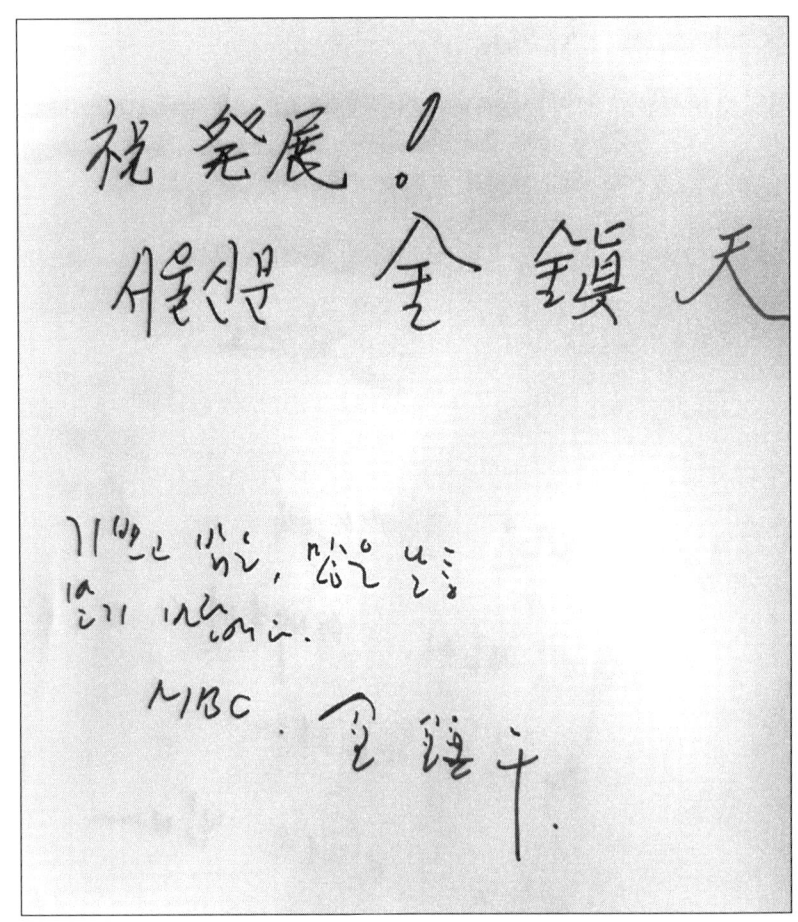

서울신문, MBC-TV 특파원 두 분이 덕담을 남겼다.
"축 발전", "기쁘고 밝은, 많은 날을 받기 바랍니다."

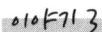

백만 달러의 은행원,
한국인 신용조사

추억은 개업식 날로부터 1년 전으로 뒤돌아 간다.

기다리던 전화를 받았다. 프랑스 '중소자영업 전문 투자은행(CEPME)' 대출 전담 이사 직책을 가진 '솔리냑(Solignac)'이 앞뒤 설명 없이 다짜고짜 말했다. 조금 들뜬 목소리로 들렸다.

"저희 은행 창립 이후 최초의 한국인 대출입니다. 하하하-."

막상 현실로 느껴지지가 않았다. 머릿속이 혼란스러웠다. 가슴이 쿵쾅-, 아, 얼마나 기다리던 이 한 통의 전화였던가.

'드디어 우리가 호텔 운영을 할 수 있게 된다?'

솔리냑 입장에서는 융자를 받는 사람의 한 명이었겠지만, 우리 입장에서는 죽고 사는 일이었다. 인생의 전환점이 될 중요한 사안이었다. 대출

심사가 시작된 지 석 달만에 솔리냑이 긍정적인 결과를 나에게 전해 준 것이다. 내가 물었다.

"(대출 심사) 결과가?"

반복해서 그가 강조했다.

"무슈 신이 기록을 세운 셈이네요. 저희 은행 입장에서 보자면, 한국인으로서 최초의 신청자였고, 최초의 대출 수혜자가 되었으니 말입니다."

1. 한국인 신용조사

그로부터 한참이 지난 후이다. 솔리냑과의 대화 끝에 우리가 프랑스 국책은행의 대출을 받게 된 배경을 듣는 기회가 생겼다. 그가 설명했다.

"저희에게 한국은 미스터리 같은 나라였습니다. 아는 게 별로 없었으니까요. 특히 한국인에 대해서 전혀 아는 바가 없어 별도로 한국인 교민사회에 대한 신용조사 과정을 거쳤습니다. 동양인이라면 베트남이나 일본의 경우는 데이터가 있었습니다만, 한국인에 대해서는 자료가 없었거든요."

내가 물었다.

"신용조사 결과가?"

솔리냑이 말했다.

"세 가지 특성으로 나왔더라고요.

첫째, 프랑스 금융기관을 거의 이용하지 않는다. 아마도 그것은 '언어의 장벽, 전통과 사고방식의 차이 때문일 것이다'라고 이해했습니다.

둘째, 일반적으로 한국인들끼리만 만나는 성향이 있다. 자영업자들끼리의 '계모임' 같은 것이 있다더라 하는 내용도 들어 있었습니다. '계모임'이라는 게 무엇이죠?

셋째, 열심히 일하고, 자존심이 강하여 체면을 중요시한다. 그래서 신용을 잘 지킬 것이니, 대출해 주어도 돈을 떼일 가능성은 희박하다."

2. (거의) 빈손 대출 신청

솔리냑은 40대 후반 나이로 매우 신중하지만, 정중했다. 전형적인 은행원 스타일로 나는 이해했다. 우리가 신청한 금액이 600만 프랑이었다. 1979년 기준으로 당시 달러 환율 기준 120만 달러에 상당한다. 나에게 그는 100만 달러를 손에 쥔 '100만 달러 은행원'이었다.

최종적으로는 7명으로 이루어진 대출심사 위원회가 결정하지만, 이를 위한 종합적인 보고서 작성이 솔리냐의 두 손안에 들어 있었다. 신청 후, 첫 만남에서의 일이다. 그가 물었다.

"신청자의 투자 가능 금액이 얼마인지요?"

필요한 전체 금액에서 내가 가지고 들어갈 수 있는 금액이 얼마나 될 수 있느냐는 질문이었다.

"에…."

헛기침부터 했다. 솔리냐이 덧붙였다.

"자기자본금이라고도 하지요."

혹시 내가 자기의 질문을 잘 이해하지 못했을까, 걱정해서였을 것이다. 말문을 트기도 전부터 벌써 발바닥이 저려 왔다. 한참 머뭇거리다, 대답했다.

"12.78%…?"

당시 관행은 전체 금액의 3분의 1이 있어야 했다. 필요 자금의 33% 수준이다. 이론적으로나 관행으로 보자면 자격미달이 한참이었다. 2019년 기준은 최소 50%로 상향되었다. 은행 돈, 대출 얻기가 그만큼 팍팍해졌다는 이야기가 된다. 또 그때는 은행 이자가 보통 12% 안팎이었다. 우리의 경우는 국책은행이라 9%였다. 이래저래 혜택을 본 셈이다. 지금은 1%에서 시작하여 5%까지로 걸쳐진다.

"개인적으로 은행 예금은?"

솔리냑이 나를 바라다보며 다시 물었다.

"예를 들자면, 정기적금이나 생명보험 같은?"

"없…는데요."

공중 분해된 한국회사의 전직 주재원 주제에 예금이란 게 있을 리 만무였다.

"저당 잡힐 수 있는 주택이라던가…?"

"(역시) 없…습니다만."

곤혹했다. 송곳 질문에 두루뭉술 대답을 반복하자니 뒤통수가 간지러워 왔다. 요약하자면, 쥐꼬리 예산을 가지고 호랑이 대출을 받자는 허무맹랑한 헛배짱이라는 자격지심과 자괴감에 빠졌다. 고개를 들고 있는 것이 부끄러웠다. 내가 가진 것은 아직은 건강한 몸과 미래에 대한 무모할 수준의 긍정적인 신념, 또는 고집밖에 없지 않은가라는 자책감에 사로잡히지 않을 수 없었다.

그렇다고, 다른 묘안이 있을 리도 만무였다. 근무하던 회사는 사라졌고, 우리 가족은 덩그러니 파리에 남게 되었다. 지난 몇 년 동안 생존을 위하여 식당 일을 열심히 했다. 그나마 식당도 아무나 하는 직업이 아니라는 걸 깨달았다. 죽어라 하고 노력했지만, 성공할 수 있을 확률이 거의 없다고 판단했다.

하나뿐인 아들이 대학 들어갈 나이인데, 어떻게 하면 부모가 더 가치 있는 일을 무슨 일을 할 수 있을까? 한편으로는 식당보다 호텔을 하면 글을 좀 쓸 수 있는 시간이 많아질까 기대했다. 그러나 이 희망이 얼마나 허황되었던가는 얼마 지나지 않아 깨닫게 된다. 틀려도 한참 틀린 기대였다.

그나마 가진 꿈에 비해 현실은 황당했다. 돌이켜 보자면, 막연한 희망이 다였다. 면담을 마친 솔리냑이 말했다

"세 달 후에 심사 결과를 통보하여 드립니다."

'헉! 세 달!'

회의를 마치고 난 이후의 시간은 기다림과 기다림 그리고 초조함이었다.

프랑스에서는 은행 대출을 신청하면 대개 3개월 후에 결과가 나온다. 어떤 경우에는 이보다 훨씬 더 걸리는 수도 있다. 실무자의 검토, 분석, 보고서에 이어 중간 윗선에서 다시 검토, 분석, 보고서. 이런 과정을 거쳐 본점에서 심사 위원회가 열린다고 한다.

결과를 전달할 때, 어떠한 경우에도 누가 어떻게 결정을 했는가에 대해서 알 수 없다. 철저한 비밀이 불문율이다. 도대체 내가 신청한 서류가 언제, 어디서, 누가, 무엇을 하는지 알 수 없다.

신청자는 죽을 맛이다. 불안과 긴장은 극도에 달하기 마련이다. 입맛은 다 떨어지고, 잠도 편히 잘 수 없다. '피를 말리는 대기상태'의 계속이다.

우리가 처음부터 다짜고짜 프랑스 국책은행에만 대출 신청한 것은 아니

다. 기존 호텔업자들에게서 귀동냥한 도움말 덕택이었다. 이 은행을 만나기 전까지, 중국계, 레바논계, 스위스계 은행은 물론이고, 당연히 한국계 은행에도 대출 신청서를 냈다.

그러나 호텔업 경험이 전무하고, 자기자본금이 쥐꼬리라는 두 가지 약점 때문에 번번이 실패했다. 이후, '중소자영업 전문 투자은행'은 우리에게 수호천사가 되어 준 셈이다.

3. 프랑스 국책은행 대출

전화통화 속에서 솔리냑은 말했다.

"축하합니다."

"…?"

"공식 통지서가 등기우편으로 나갈 것입니다만, 내일 오전 10시에 저희 은행에 오셔서 대출 계약서 서명을 부탁 바랍니다. 오실 때, 가져오실 서류는…."

'오, 감사.'

전화를 끊은 뒤, 아내와 포옹했다.

'중소자영업 전문 투자은행(CEPME)' 대출 심사관 솔리냑 씨의 성공 개업식 축하 편지.
"특별하고 감동적인 개업식에 축하와 함께 감사드립니다. 우아한 클래식 음악이 빛났습니다. 섬세한 준비에 큰 감명을 받았습니다."

솔리냑 씨 부인과 따님 스테파니의 축하 편지.
"무슈 신 내외분께, 감사하고 행복합니다. 두 분의 큰 성공을 확신합니다. 따뜻한 우정의 마음을 전하여 드리며."

'중소자영업 전문 투자은행.' 이름 그대로 작은 규모의 자영업자들이 사업 확장을 위한 자금을 신청할 수 있는 특수은행이다. 식당의 수리, 보수 공사와 각종 기기 구입 또는 호텔을 위한 똑같은 목적에 돈을 빌려주었다. 프랑스 정부가 출연한 자금이 100%이니까 국책은행이다.

우리가 신청한 대출은, 그때 당시 운영하고 있는 식당을 팔아서 투자하겠다는 신청서였다. 조건은 간단했다. 별이 없는 호텔을 산 뒤, 별 2개의 관광호텔로 고치겠다는 내용이다. 그동안 회의와 면담 그리고 이를 위한 자료 제출을 위하여 줄잡아 수십 차례를 이 은행에 들락날락거렸다.

이후, 솔리냑과는 10여 년간 만나면서 인간적으로 더 가까워질 수 있었다. 가족과도 친해져서 부인, 딸과 식사 자리를 같이 하기도 하였다. 딸의 나이가 우리 아들과 동갑이어서 더 친해졌다. 외동딸에 외아들을 가졌다는 서로의 공통점도 있었다.

부인도 미인이지만 특히 딸의 미모가 뛰어나고 총명해 보였다. 농담 삼아 아들, 딸을 혼사시켜 사돈지간이 되어 보자는 이야기를 나누기도 했다. 어쨌거나 아들은 한국 며느님이 아닌, 프랑스 며느님과 결혼했다.

그러나 솔리냑 씨의 따님은 아니다.

4. 막차 대출 버스를 타다

―

　나중에 알게 된 그때 상황은 독특했다. 당시 프랑스 정부는 낙후된 파리의 관광호텔 시설을 개선시켜야 할 방안에 골머리를 앓았다. 머리를 짠 결과가 '중소자영업 전문 투자은행'의 개설이다. 우리가 혜택을 받게 된 과정을 보자.

　첫째, 관광성은 이 프로젝트를 경제 기획성 재무부에 신청했고, 두 부처는 이를 정부 예산으로 국회에서 통과시켜 필요한 기금을 마련했다.

　둘째, 이 기금을 바탕으로 호텔 재건축 대출 전문 은행을 세웠다. 그 이름이 '중소자영업 전문 투자은행'이다.

　셋째, 이 은행을 통하여 100개의 기존 호텔에 시설 재건축을 위한 필요 자금을 대출하는 작업에 착수했다.

　우리는 100개 대상 중에 아마도 99번째 또는 100번째로 마지막 버스를 탄 경우이다. 해당 은행에 따르면, 100개 호텔의 60% 가량이 프랑스인이 아닌 외국인이었다. 알제리아, 튜니지아, 이란, 이락, 레바논 등. 그리고 한국사람 한 명을 추가하여야 할 것이다.

　그로부터 10년이 지난 후이다.

대출 받은 100명의 호텔 주인 중, 많은 사람이 파산했다. 수백만 프랑[1] 부터 천만 프랑에 이르는 큰 금액의 대출을 받은 이들은 이 자금을 다른 데 전용한 경우가 있었다. 또 호텔 경영 경험이 모자라 적자 운영하다가 제 스스로 무너진 사례가 뒤따른다. 그중에는 탈세로 세무조사를 받아 탈탈 털리고 나서 차압당한 호텔도 있었다.

은행 돈은 빌릴 때는 좋다.

그러나 갚을 때는 죽을 맛이다.

돈을 빌린 뒤, 이 자금으로 운영을 잘하여 원금, 이자를 꼬박꼬박 갚는 것은 전혀 다른 문제이다.

은행 대출이 얼마나 무서운 것인지, 깨달아야 했다.

---

1 · 당시 화폐 단위.

이야기 4

물랭호텔 최고의 고객

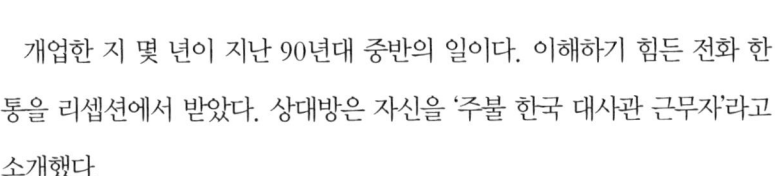

개업한 지 몇 년이 지난 90년대 중반의 일이다. 이해하기 힘든 전화 한 통을 리셉션에서 받았다. 상대방은 자신을 '주불 한국 대사관 근무자'라고 소개했다.

"장관님 좀 바꾸어 주시죠."

내 귀를 의심했다. 주불 한국 대사관이 물랭호텔에 전화해서 장관님을 찾는다? 말문이 막혔다. 전화하는 사람이 정신이 나간 사람이거나, 장난 전화질을 하는 사람이리라고 예단했다. 한참 동안 침묵을 지킨 뒤에 곤혹한 목소리로 되물었다.

"혹시…, 전화를 잘못 하신 것이 아니신지요? 저희는 별 2개밖에 안 되는 누추하고 평범한 숙박(업소)…."

상대방이 반복하여 확인했다. 단호하고 확신에 찬 목소리였다.

"이 전화번호로 방금 통화했습니다. ○○호실을 바꾸어 주면 됩니다."

'어이쿠!'

"아, 예예. ○○호실 바꾸어 드리겠습니다.

불과 몇 분 전, 내가 앞 근무자로부터 리셉션 근무를 이어받은 터였다. 오늘 도착하여 입실한 고객들의 이름을 아직 다 파악 못하고 있었다. 그래서 혼란이 더했다. 아니, 한국의 장관님이 몽마르트르에 위치한 하루 100유로 이하 가격의 별 2개짜리 평범한 호텔에 투숙을 하신다? 상상이 불가능한 일이었다. 요청한 객실로 전화를 연결하고, 고객 명단을 확인하면서 수수께끼가 풀렸다.

김경원 씨!

신문에서 이 성함이 실린 관련기사를 드문드문 읽어 본 기억이 났다. 검색을 때려서 이분에 대한 소개를 훑어보았다. 청와대 외교안보 특별보좌관, 주미 대사, 주유엔 대사, 하버드 법대 출신으로 재학 때 헨리 키신저의 제자. 이와 같은 경력을 가지신 분이 물랭호텔에 투숙하셨다는 사실을 발견하게 된 것이다. 이를 어쩌나?

나중에 확인하여 보니, 김경원 씨는 외무부 장관직을 역임하지는 않았다. 청와대 특보 주미·유엔 대사직을 수행했다. 그런데 왜 프랑스 대사관 근무자는 '장관님'이라는 호칭을 사용했을까?

이는 한국 공직자 사회의 독특한 전통으로 이해하였다. 한 번 장관직을 수행한 분에게 영원히 장관님으로 존칭하는 관행을 가진 것이다. 김경원 씨가 역임한 청와대 외교 특별보좌관이 장관급이다. 이 때문에 장관님 호칭이 붙여진 것으로 추측했다. 서둘러 해당 객실의 예약 기간이 며칠 동안인지, 살펴보았다.

'무려 열흘!'

1. 장관님이 별 2개 호텔에?

눈앞이 캄캄했다. 문제는 이제부터 시작된 셈이었다. 물랭호텔 수준으로서는 도저히 감당할 수 없는 '귀빈(VIP) 중의 귀빈' 고객을 맞게 되었으니. 맙소사! 비현실적인 현실과 맞부닥치게 된 현실을 깨달았다. 골이 띵- 했다.

'자, 이 엄청난 상황을 어떻게 대처하나?'

고민했다. 걱정이 태산이었다. 우선, 주인이라는 사람부터가 호텔 수업을 제대로 받은 사람이 아니다. 아마추어 중의 아마추어다. 리셉션 근무자들도 마찬가지이다. 밤과 낮으로 나뉘어져서 일하는 근무자 모두가 유학생이다.

더 걱정은 아침식사 서빙을 하고, 방 청소를 하는 스리랑카인 근무자이다. 김경원 씨가 어떤 분인지 아무리 설명한들 이해할 리가 만무이다. 한국식의 에티켓은 물론이고, 무엇보다도 언어 소통이 걱정이었다. 한국말을 못하는 것은 당연한 일이고, 영어 또한 능숙하지 못했다. 스리랑카인 근무자들이 언제, 어디서, 무슨 실수를 저지를지, 벌써부터 가슴이 조마조마했다.

예를 들자면, 꼬리곰탕과 김치로 아침식사 할 때이다. 스리랑카인 근무자들은 한국식의 숟가락, 젓가락을 사용하지 않는다. 여러 번 설명하고 반복해도 그들의 평생 습관은 고칠 수 없다.

즉 숟가락과 젓가락의 앞부분을 손에 쥐고 식탁 위에 놓는 경우가 발생할 수 있다. 한국인이라면 당연히 끝부분을 쥐고 앞부분을 앞으로 놓아야 할 것이다. 이는 포크, 나이프를 거꾸로 손에 잡고 서빙하는 경우와 같다.

수저로 식생활을 한 경험이 없는 스리랑카인으로서는 수저의 앞부분, 뒷부분에 대한 혼돈이 발생한다. 이것은 청결 문제와 연결된다. 밥맛이 뚝- 떨어지는 장면이 연출되는 것이다. 별별 걱정을 다 하기 시작하니, 태산같이 많았다.

해결 방법은?

나 자신부터 24시간 비상체제를 가동시키기로 했다.

이로부터 열흘간, 한시도 호텔을 떠나지 않고 일했다. 잠을 자도, 한쪽 눈은 뜨고 잤다. 어려운 일이 생기면 입은 옷 그대로 리셉션에 달려가서 근무자와 상황을 해결하기 위해서였다.

2. 귀빈 접대의 모험

—

첫날 아침이다. 김경원 님과 대면 인사를 나누었다.

"누추한 데 오셔서 죄송하고, 감사합니다."

"마음 편하고 좋습니다. 곰탕에 김치로 식사를 할 수 있으니 더 좋습니다."

이어서, 곁에 함께 자리한 분을 소개했다.

"제 처남 김용원 씨 입니다. 《삶과 꿈》이라는 월간지를 발행하고 있지요."

아, 김용원 씨. 이분 또한 신문기사를 통해서 이름을 보았던 기억이 있다. 전 조선일보 편집국장, 하버드 대학원 석사, 대우전자 사장 역임. 이분이 김경원 님과 사돈관계인 것을 알게 되었다.

김경원 씨는 외교 고위직을 거치면서 분명히 세계에서 내로라하는 호텔에서는 숙박하는 경험을 가졌을 것이다. 그런데 파리의 교포가 운영하는 별 2개짜리 호텔에 예약했다는 것부터가 놀라웠다. 더 인상적이었던 것은, 열흘 동안의 숙박 기간 동안, 과거에 장관급 고위직을 지낸 공직자가 묵고 있다는 사실을 전혀 느낄 수 없었던 점이다.

걱정했던 것과는 달리 나를 비롯한 근무자들이 거꾸로 정중한 인사를 받았다. 상대방을 배려하는 겸양이 몸에 밴 매너여서 감동은 더했다. 단단한 각오로 무장했던 우리들의 준비가 민망할 수준이었다. 그래서 더 감사하고 미안한 마음을 가졌다.

두 분이 떠난 후, 이틀 동안 내처 잠잤다. 아마도 함께 일했던 유학생 근무자들 또한 예외가 아니었을 것이다. 결과적으로는 큰 탈 없이 지났으니, 행복한 귀빈 모시기 모험이었다.

3. 고인의 명복을 빌며

호텔 일을 하다 보면, 때때로 갑질 고객을 만나게 된다. 김경원 님을 만난 이후, 그런 분들에게 이렇게 대처할 수 있었다.

"아, 글쎄 말입니다. 저희 집이 누추해도, 바로 어제 한국에서 장관급 고위 공직자를 역임했던 분이 다녀가셨는데 말입니다."

이 이야기가 무엇을 의미하는지 갑질 손님이 어리둥절해 할 때, 내가 말한다.

"하하, 그런 분이 더 정중하고 더 겸손하고, 더 이해심이 많으셔서 저희가 놀랐습니다. 원, 세상에 별일도 다 있지 않습니까?"

공직을 떠난 후, 김경원 님은 고려대 명예교수직과 외교 관련 칼럼니스트로 활약했다. 민감한 외교 사안이 등장할 때마다 중앙일보 지면 등을 통하여 수준 높은 논평을 남겼다. 물랭에서 뵌 이후 더 관심을 가지고 이 글들을 읽었다.

얼마 전 한국으로부터의 지인과 대화 중, 그가 말했다.

"김경원 님은 돌아가셨는데요."

"네?"

구글을 열어 검색했다.

"유엔 대사, 주미 대사, 대통령 비서실장, 사회과학원장을 역임한 김경원 전 서울 국제 포럼 회장이 76세 나이로 별세했다."

2012년 기사였다. 그의 과거 경력과 관련한 내용도 확인할 수 있었다. 한 시대가 이렇게 흘러간 것이다.

"71년 귀국해 고려대 교수이던 고인은 75년 박정희 대통령의 국제정치 담당 특보로 발탁되었다.

80년 9월엔 전두환 대통령의 비서실장으로 기용됐다.

고인의 사촌 매제인 임성준 전 한국 국제교류 재단 이사장은 '박정희 정권때, 미국이 한국 정부의 독재와 인권을 비판할 때, 고인은 한국적 현실을 미국 측에 설득력 있게 설명하기를 노력 했다'며 '전두환 정권은 미국에서 존경받던 고인을 비서실장으로 등용해 미국이 안심할 수 있도록 했다'고 회고했다."

고인의 명복을 빈다.

이야기 5

일본 사람과 무한 우정

단골 고객 중에 일본인이 많았다. 한번 단골이 되면, 계속해서 우리 호텔에 투숙하여 아주 친숙한 사이가 될 수 있었다. '1998 프랑스월드컵' 때는 일본 기자들이 단체로 묵기도 했다.

1. 일본인 화가 요꼬우찌 씨

일본인 중에서도 왕단골 고객이 있었다. 화가 '요꼬우찌' 씨이다. 25년 동안 해마다 한 달씩 묵고 갔다.

"저 앞 벽면을 한번 보십시오."

요꼬우찌 씨가 나에게 말했다. 몽마르트르의 꼭대기, '테르트르' 광장을 뒤로 한 프랑스 식당에서이다. 저녁식사를 마친 뒤, 커피 한 잔씩을 마시고 있었다. 파리 풍경이 한손에 잡힐 듯 우리들의 발아래에 펼쳐졌다.

6월, 해가 길어서 오후 9시인데도 대낮 같았다. 그가 가리키는 쪽을 바라다보았다. 아주 오래된 건물로 우리가 앉은 자리에서 건물의 벽면이 정면이었다. 벽은 회색과 흰색이 어우러져 독특한 분위기가 느껴졌다. 내가 말했다.

"좋네요. 석양이 오기 전의 채광과 곁들여서 색감이 일품입니다. 그런 걸 발견하는 요꼬우찌 씨의 화가적인 시각이 대단하시네요."

아마도 내가 그에 대해서 '아, 이분은 정말 인간적인 화가로구나!'라고 느낀 것이 바로 이 순간부터였을 것이다. 이때의 기억 속에 각인되어 오랫동안 내 마음 속에 남았다. 우리 두 사람이 좀 더 친해질 수 있었던 데는 대개 네 가지 이유가 아니었던가, 생각한다.

첫째, 그의 유창한 영어 실력.

둘째, 대학 시절 농구선수였다는 스포츠 인연.

셋째, 어린 시절을 만주에서 보냈다는 그의 과거.

넷째, 젊은 날의 신문사 경력.

일반적으로 일본 사람들의 영어 발음은 알아듣기 힘들다. 아마도 일본어 발음의 한계 때문일 것이다. 리셉션에서 일본인들을 만나 보자면, 영어에 콤플렉스를 가진 사람이 적지 않다. 이에 비하자면 한국인은 일본인보다 영어 발음이 훨씬 우수하다. 세종대왕님에게 감사할 일이다. 그런데 요꼬우찌 씨는 영어에 능통했다. 소통에 전혀 어려움이 없었다.

우선, 그는 영어가 유창했다. 언어 능력을 타고난 사람이라고 나는 생각한다. 영어만 잘하는 것이 아니라, 중국말도 잘했다. 중국 사람과의 대화에 장애가 없었다. 그러니까 3개 국어에 능통한 일본인이다.

그는 대학생 때 농구선수 경력을 가졌다. 키가 크고, 체격이 당당해서 대학 시절에 농구선수로 활약깨나 했을 것으로 짐작되었다. 듣자 하니, 요꼬우찌 씨 집안은 외교관 집안이었다. 할아버지 때부터 대를 이은 일본제국 외무성 소속의 외교관이었다고 했다. 그가 만주에서 어린 시절을 보낸 것은 아버지가 일본 식민지 만주 땅에서 외교관이었기 때문이다.

그의 가족을 보자.

첫째 아들은 동경제대 미대를 나온 '일본 디즈니랜드' 미술 책임자였다. 한참 후에는 중국어 실력 덕택에 '중국 디즈니랜드' 미술 담당자로 파견된다.

둘째 아들의 경우는 사연이 길다. 나중에 자세한 설명을 하기로 한다.

막내 외동딸 '마미애(Mamie)' 또한 고등학생 때 농구선수였다. 사회생활을 시작한 이후로는 주말 직장인 배구선수가 되었다고 한다. 일본 관광공사가 직장이었다.

부인은 초등학교 교장직을 마지막으로 교직생활을 끝냈다. 직장생활과 남편, 자녀들 뒷바라지로 평생을 보낸 전형적인 동양 여성형이었다.

자, 이번에는 농구와 관련한 우리 가족사를 소개할 차례이다.

우리 아버님은 일제시대 때 '보전'에서 농구선수였다. 내가 태어나기 전이다. 보성 전문학교의 줄임말인 '보전'은 후에 고려대학교가 된다. 아버지가 대학생일 때는 일본이 한국, 중국, 만주, 필리핀 등을 식민지로 삼던 시대이다.

당시, 일본에서 '전 일본 농구대회'가 해마다 동경에서 열렸다고 한다. 이 대회에서 보전 팀이 연 3년간 우승을 차지한 기록이 있다. 이것은 《고대 체육 100년사》라는 책에서 우연히 내가 발견한 대목이다. 우승 팀의 주장이 아버지 '신광호' 씨이다.

해방 후, 한국 체육계는 일제 때 보전, 연전[2] 운동선수들이 주역으로 활약했다. 아버지 또한 '대한 농구 협회' 일을 했다. 5형제 중 막내인 나는 6·25 직후인 7살 때부터 시청 앞 맞은편에 있던 대한 체육회에 아버지를 따라 드나들었다.

장충체육관이 세워진 이후에는 아버지 손에 매달려 농구시합 구경을 빼놓지 않고 갔다. 그때 막 시작되었던 라디오 농구 중계방송에 해설자로 등장하는 아버지의 모습을 곁에서 지켜볼 수 있었다. 이와 같은 배경으로 나의 유년 시절은 농구로 꽉- 차 있었다.

---

2 · 오늘의 연세대학교.

부친은 한국 여자 농구 국가대표 팀의 감독을 맡기도 했다. 당시, 우리나라 여자 농구 팀의 실력이 뛰어나서 동남아 대회에서 연전연승 기록을 세울 때이다. 후에는 고려대 농구 팀 감독직을 오래 맡았다.

아버지의 명성으로 나도 중학생 때 농구선수로 뛰었다. 대학을 고려대에 진학하는 데도 부친의 영향이 컸다. 부친은 농구선수이면서 상과대학 졸업생이었다. 나에게도 상과대학 진학을 원하셨다. 나는 프랑스 문학을 선택했다.

큰형님도 대학 실업 농구선수로 활약했다. 부친의 동생, 그러니까 나의 작은 아버지는 남자 국가대표 농구 팀의 감독이었다. 우리 가족 거의 모두가 농구 집안이었다.

이런 배경 때문에 우리 두 사람 요꼬우찌 씨와 나는 농구라는 스포츠를 매개로 더 친밀해 질 수 있었다.

다음, 만주와의 인연이다.

부친도 젊은 날에 만주에서 몇 년간 살았었다는 이야기를 들은 기억이 있었다. 선대 때부터 요꼬우찌 씨와 우리 집안은 이러저리 겹치는 사연이 많았다.

신문사 근무 경력도 마찬가지이다.

이 동네에서 일해 본 사람들끼리는 만국공통의 동지의식 같은 것이 존재한다. 해병대 사람들이 갖는 의리와 비슷할 수도 있다. '(왕년의) 신문사 사람'들은 이 세계를 경험하지 않은 사람은 이해하기 힘든 공동운명체 같은 생각을 나누어 가진다. 요꼬우찌 씨와 나의 경우도 마찬가지였다.

자신의 설명에 따르면, 그는 신문사 삽화 기자, 영화사 미술 담당자, 전업 화가, 세 단계를 거쳤다. 나의 경우는 신문사 기자, 건설회사 주재원, 호텔업자의 직업 경력을 가졌다. 다르다면 다르고, 비슷하다면 비슷하다고 해석할 수 있을 과거를 공유했다.

그는 해마다 본격적인 더위가 시작되기 전의 시기에 물랭호텔에 찾아왔다. 이후, 한 달 동안 프랑스를 여행하며 그림을 그렸다. 첫 방문지가 몽마르트르였고, 그는 거리에 '이젤'을 펴 놓고 스케치 작업을 했다. 때로는 프랑스인 친구가 사는 알프스 또는 노르망디 바다에 가서 그림을 그렸다. 6월마다 프랑스를 찾는 이유는 날씨 때문이다.

처음 만났을 때, 그는 60대 중반 나이였다. 언제나 거리에서 그림을 그렸기 때문에 햇볕에 노출된 그의 얼굴과 팔뚝은 마치 농사꾼처럼 그을린 빛깔이었다. 그가 말했다.

"해마다 6월에 일본은 우기가 시작됩니다. 태풍과 함께 한 달 동안 비가 내리지요. 해를 볼 수 없습니다. 저처럼 야외작업을 하는 화가로서는 '공치는 달'이 한 달 동안이나 계속됩니다.

프랑스는 정반대이더군요. 겨우 내내 우기이다가 6월에는 반짝- 해가 난단 말입니다. 저한테는 더할 수 없이 좋은 계절이죠."

옆에서 살펴보니, 그의 그림 그리기 작업의 과정은 이랬다.

- 6월 말부터 7월 말까지 프랑스를 돌며 스케치한다.
- 일부는 프랑스에서 물감을 칠하며 대강 그린 뒤, 이를 동경으로 가져간다.
- 동경 아틀리에서 나머지 작업을 한 뒤, 전속 화랑에서 가을 전시회를 갖는다.
- 전시회를 마친 뒤에는 나가노 아틀리에와 동경 아틀리에를 오가며 작품 작업을 계속한다. 나가노는 동계 올림픽이 열린 산악 지방으로, 우리나라의 설악산과 비교하면 이해할 수 있겠다. 그는 동경과 나가노 두 곳에 아틀리에를 가지고 있었다.
- 다음 해 봄, 다시 전시회를 통하여 작품을 판매한다.
- 가을과 봄, 두 번씩 열리는 전시회 판매를 통하여 모은 돈으로 6월마다 프랑스를 여행하며 작품 활동을 계속한다.

그의 작품은 철저하게 풍경화 스타일을 고집했다.

연령 탓인지 또는 본인의 취향 때문인지는 모르지만, 우리가 학교 때 교과서에서 흔히 만나는 그림이라고 설명할 수 있겠다. 분위기가 차분하고, 평범하며, 잔잔했다. 보는 사람이 편한 그림이었다.

동경에서 요꼬우찌 씨의 그림은 전시회 때마다 구입하는 단골 팬들이 있는 것으로 보였다. 전시회 때마다 그림이 거의 다 팔린다고 말했다. 분명히 그는 행복한 화가의 한 사람이다.

어느 해 가을, 그의 전시회 개막식에 맞추어 내가 동경을 방문했다. 한국 방문길에 동경을 들러 가는 일정이었다. 그의 전시장에서 마음에 드는 그림 하나를 발견했다. 아주 오래된 집으로 보이는 담과 벽을 담은 화폭이었다.

크기가 굉장히 커서 상하좌우로 사람의 키보다도 훨씬 높고 넓어서, 수백 호가 넘는 대작이었다. 특히 그림의 담벽에 칠하여진 황토색 빛깔이 내 마음을 사로잡았다. 물랭호텔에서는 리셉션과 객실 그리고 식당 공간에 비치할 그림을 때때로 구입하고 있었다. 이 그림을 구입하고 싶은 강렬한 욕망을 느꼈다. 내가 말했다.

"이 그림이 특히 제 마음에 드네요."

"저도 북경에서 그려 온 그림들 중에서 애정이 많이 가는 그림입니다."

그래서 이 그림이 북경의 한 고가의 담벽을 그린 것이라는 것을 알게 되었다. 전시회 개막식의 칵테일 파티가 거의 끝날 즈음, 화랑 주인에게 물었다.

"이 그림의 가격이?"

"얼마얼마입니다."

'헉!'

그 가격이 굉장했다. 보통 파리에서 우리가 구입하고 있는 그림 값의 10배 정도였다. 도저히 엄두 낼 수 없는 가격이었다. 그럼에도 꼭 사고 싶은 마음이 굴뚝같았다. 한 번에 그림값을 낼 수 없으니, 할부식으로 몇 달에 나누어서 지불하는 방법도 궁리해 보았다.

그러나 아무리 계산기를 두드려 보아도 우리 같은 평범한 호텔로서는 도저히 욕심내기 어려울 수준의 가격이었다. 끝내 포기하고 말았다. 안타까웠다. 동경의 그림값이 만만치 않은 수준이라는 것, 파리 그림 시장보다도 훨씬 비싸다는 것을 알게 되었다.

전시회 개막식이 끝난 뒤, 그는 나를 위하여 동경 안내를 해 주었다. 나의 구미에 맞추어 전통 일식집에 초대하고, '긴자'의 유명 식당에서 온 가족이 참석한 저녁식사 자리를 갖기도 했다. 단골 고객에게 감사할 목적으로 방문했는데, 내가 큰 대접을 받는 결과가 되었다.

그로부터 지난 25년 동안, 요꼬우찌 씨의 온 가족이 번갈아 파리를 방문하여 물랭호텔에 머물렀다. 부부 동반으로 시작하여, 따님과 부인의 동행 여행이 뒤따랐다. 큰아들은 부인과 아들을 동반하여 온 가족이 물랭호텔에서 묵기도 했다.

이 중 단 한 명, 그의 가족 중에 내가 만나지 못한 사람이 둘째 아들이다. 요꼬우찌 씨가 말했다.

"제가 홍콩에 갈 때마다 둘째 아들은 중국 미인 여성과 함께 마중을 나오는데, 그때마다 얼굴이 바뀐단 말이죠."

이게 무슨 소리인가. 이와 관련하여서는 약간의 추가 설명이 필요하다.

즉, 둘째 아들은 홍콩에서 활동하는 영화배우이다. 일본인이면서 중화 문화권에서 일하는 희귀한 일본인의 경우일 것이다. 홍콩 영화계에 진출하게 된 사연이 유별나다. 아버지의 설명을 옮긴다.

"둘째 아들도 농구선수였어요. 대학생 때, 패션모델에 발탁되었습니다. 남자모델로 활동하면서 광고영화를 몇 편 찍더니, 이게 인연이 되어서 영화배우가 된 겁니다.

그런데 활동무대가 홍콩입니다.

홍콩에 가서 산 지가 10여 년이 넘어요. 홍콩 생활에 재미를 붙였는지, 일본에 잘 안 들어옵니다. 그러니 아버지가 홍콩에 가서 아들을 만날 수밖에 없지요."

아버지가 홍콩에 가면 아들이 공항에 마중 나온다는데, 그때마다 동행하는 여성이 바뀐다는 것이다.

이 아버지의 표정과 말투가 나를 미소 짓게 만들었다. 싫지 않은 표정이어서다. 본인 또한 딸을 두고 있는 부모일진대, 플레이보이처럼 사는 아들을 자랑스러워하는 모습 같아 보여서, 마음속으로 내가 웃었다.

여하간에 둘째 아들은 홍콩에서 상류 사회생활을 만끽하며 살고 있는 것으로 이해되었다. 온 가족을 다 물랭호텔에서 만났지만, 둘째 아들만 만나지 못하게 된 배경이다.

몇 년 전에는 이런 근황도 전했다.

"이번에는 말레이시아 재벌의 딸이라네요. 이번에는 과거와 달리 좀 심각한 사이인 것으로 보였어요."

"머지않아 중화재벌의 시아버지가 되시는 것 아닙니까?"

"허허헛!"

둘째 아들이 이 여성과 결혼한다 하더라도, 며느리가 될 사람이 시아버지를 다시 만날 기회는 없게 되었다.

이런 대화를 나눈 다음 해, 요꼬우찌 씨는 이 세상을 떠났다.

2. 따님 마미애 씨 도움을 받다

—

추억을 과거의 시간으로 되돌려 보자. 따님 '마미애' 씨와의 인연이다.

IMF가 터졌다. 경제적 지진의 여파가 파리까지 도착하니 매상이 곤두박질했다. 위기감을 느꼈다. 1990년, 1차 이라크전쟁 때 경험이 또 닥치는가, 겁이 더럭 났다.

'어떻게 극복하나?'

위기탈출 가능성을 일본 쪽으로 잡기로 작정했다.

'일본에서 탈출구를 찾아보자!'

일본에 갔다. 요꼬우찌 씨의 따님이 일본 관광공사 직원이었다. 이 따님에게 도움을 청하기로 했다. 마미애 씨는 동경 번화가에 자리한 일본 관광공사 지점에서 일했다. 회사에서 만나 근처 식당에 갔다. 내가 말했다.

"도와주셔야겠습니다."

마미애 씨가 말했다.

"아버지한테 설명 잘 들었습니다. 제 생각에 이렇게 저렇게 하면 좋으실 겁니다.

제가 파리 여행을 많이 취급하는 일본 여행사 다섯 군데 담당자를 소개하여 드리겠습니다. 방문하시면 친절히 도와드릴 것입니다."

마미애 씨는 순발력이 뛰어났다. 어려운 시기를 돌파할 수 있는 큰 도움을 받을 수 있었다. 이로부터 물랭호텔은 더 많은 일본인 고객을 확보하는 교두보를 마련하였다. 후에 그는 신주쿠 지점장으로 승진하여 아버지를 기쁘게 했다.

3. 외로운 영혼 나이또 씨

지난봄이다. 벚꽃이 활짝 핀 사진이 담긴 이메일을 받았다. 일본인 '나이또' 씨의 편지이다.

2017년 봄, 나이또 씨가 2주 동안 우리 호텔에 묵었다. 그는 혼자였고, 쓸쓸해 보였다. 투숙한 지 열흘쯤 되어 동경으로 귀국할 시점이 며칠 안 남은 날이다. 내가 제안했다.

"오늘 저녁, 혹시 시간 있으실까요?"

"?"

"괜찮으시다면, 저녁식사를 저의 단골 일식당에 초대할까 하는데요."

"감—싸—합니다."

'어, 한국말?'

60대 중반의 나이이면서 영어도 잘하는 그가 한국말 또한 간단한 몇 마디를 할 수 있다는 것을 그때 처음 알게 되었다. 그날 저녁, 단골식당 '에

니시[3]에 나이또 씨를 초대하면서 내가 물었다.

"몽마르트르에 사는 저의 친구인 일본인 나까무라 씨와 자리를 함께해도 괜찮을런지요?"

"물론입니다."

이래서 일본인 두 사람과 한국인 한 사람이 몽마르트르 뒤편 언덕길의 일본식당에 마주 앉게 되었다. 그는 순수하고 겸손했다. 식사하면서 서로가 살아온 인생에 대해서 이야기를 나누었다. 대화는 영어로 했는데, 간간이 나까무라 씨가 나이또 씨와의 일본말 대화를 나에게 통역해 주었다.

"저는 영어 선생을 오래 했습니다. 꽤 이름이 알려져서 영어 학원을 운영하기 시작했지요."

"대단하셨네요."

"그런데, 학원 운영에 실패했어요."

영어 선생으로는 유능했지만, 경영 능력은 그에 못 미쳤던 모양이다. 학원 사업에 실패한 후, 부인과 헤어진 것으로 짐작되었다. 나이또 씨가 말했다.

"제 평생소원이 파리를 여행하는 것이었어요. 물랭호텔에 예약을 할 수 있어 다행이었습니다."

---

3 · 한국말로 번역하면 '인연'.

생선회, 생선 초밥, 새우튀김 등 여러 가지 음식을 시켜서 포도주와 정종을 번갈아 마셨다. 나까무라 씨는 맥주 두 잔 정도가 한계 주량이지만, 나이또 씨는 술이 꽤 셌다. 그가 말했다.

"그동안 절약한다고 슈퍼에 가서 샌드위치 재료를 사다가 만들어 먹으며 지냈는데, 오늘 일식을 먹을 수 있게 되니 감개가 무량합니다."

진작부터 이 외로운 분과 함께 식사를 같이 했더라면 하고 후회했다. 이튿날부터 하루 세끼를 내리 우리 근무자들과 식사하도록 초대했다. 그는 한식도 즐겼다.

일본에 돌아간 이후 지난 2년간, 나이또 씨는 끊임없이 안부 편지를 보내왔다. 엽서가 오기도 하고, 일본식 그림이 담긴 부채가 소포로 왔다. 이메일 또한 자주 날아왔다. 그때마다 에니시에서의 저녁식사와 우리와 함께 나눈 한식에 대해서 감사하는 내용이 들어 있었다.

어느 날, 나까무라 씨가 동경에 다녀올 일이 생겼다고 말했다. 내가 제안했다.

"가시면, 나이또 씨를 만나 보지 그러세요."

"동감입니다."

나이또 씨는 나뿐 아니라, 나까무라 씨와도 연락이 잦았던 것으로 짐작했다.

일본 방문 후, 나까무라 씨가 호텔에 찾아왔다. 내가 물었다.

"나이또 씨 어때요?"

나까무라 씨가 잠시 뜸을 들였다. 한참 후, 그가 말했다.

"입원해 있어 병원에 위문 갔다 왔어요."

"에?"

"뇌출혈이 와서 왼쪽이 불편하더라구요. 심한 정도는 아니라서 다행이고, 지금은 재활훈련을 하고 있을 겁니다."

며칠 후 나이또 씨에게서 이메일이 왔다.

"몸이 불편하여 그동안 소식 못 드렸습니다. 퇴원하여 요양생활 중입니다. 빨리 회복하여 다시 파리에서 만날 수 있기를 바랍니다."

그의 빠른 건강 회복을 기원한다.

이야기 6

외로운 포먼 씨와의 이별

왜 착하고 선한 사람들은 저세상으로 먼저 떠나는 것일까? 비통했다. 영국인 '포먼' 씨. 드문드문 단골로 물랭호텔에 찾아오던 그는 마지막 방문에서 열흘 동안 묵다가 한줌의 재로 돌아왔다. 허무했다. 그가 남긴 추억들은 두고두고 우리들의 기억 속에 남아 있을 것이다

포먼 씨를 처음 만난 것은 개업 초기인 1990년, 그가 말했다.

"제가 젊었을 때, 이 몽마르트르 언덕에서 산 과거가 있습니다."

훌쩍한 키, 훌쭉해 보이는 몸매, 은근한 목소리.

"제가 20대 때, 오페라 지역에 위치한 보험회사에서 근무할 때였어요."

그때 나이가 50대 중반. 그 후 27년간 그는 때때로 물랭호텔에 찾아왔다. 특이한 점은 바람같이 왔다가, 바람같이 사라지는 것. 사전예약 없이 와서 며칠 묵다가 또 올 때처럼 훌쩍 떠났다.

· 이야기 6 외로운 토먼 씨와의 이별 ·

그는 과묵하지만 친절한 성격을 가졌다. 매너가 점잖아서 모든 근무자들이 좋아했다. 다른 사람이 자신에게 신경 쓰지 않도록 부담 주지 않으려 배려했다. '영국 신사란 이런 사람을 두고 말하는 것이겠구나'라고 생각했다.

다른 특성도 가졌다. 혼자 다니는 습관이다. 혼자 숙박하고, 혼자 외출하고, 혼자 식사했다. 때문에 언제 들어왔다가, 언제 외출하는지, 알 수 없었다. 우리는 '점잖은 신사', '좋은 사람'으로만 인식하였다. 어느 날, 그가 말했다.

"은퇴해서 지금은 포르투갈에서 살고 있죠."

말수가 매우 적은 그로부터 처음 들어 보는 자신과 관련한 설명이었다. 한때는 우리들이 그를 '혹시 영국 정보기관에 근무한 사람 아닌가' 상상해 본 적도 있었다. 007 같은 직업을 가진 사람을 말한다. 워낙 말수가 적어서였다. 자신을 잘 안 드러내는 성격, 자신의 주변을 매우 깔끔하게 정리하는 결벽성을 가지고 있었다.

며칠씩 묵고 갈 때, 우리는 그를 가족처럼 대하였다. 친절한 고객과 리셉션 또는 호텔 자영업자와 특별한 고객과의 인간관계였다.

2014년, 오랜만에 그가 다시 물랭호텔에 왔다.

역시 혼자였고, 간단한 가방 하나만 들고 있었고, 가장 조용한 정원 방을 원했다. '여전히 포르투갈에서 혼자 살고 있다'는 간단한 설명 이후, 언제나처럼 혼자 식사하러 다니고, 혼자 외출하였다.

만나는 사람도 없어 보였고, 찾아오는 사람 또한 없는 외톨이였다. 다만, 몇 년 전의 모습보다 훨씬 나이가 들어 보이는 것은 어쩔 수 없었다. 몸무게가 더 빠져 예전보다 더 홀쭉해 보였다.

어느 일요일 오후, 포먼 씨가 리셉션으로 전화했다. 내가 일하고 있을 때다. 내가 물었다.

"무엇을 도와드릴까요?"

"'SOS 의사' 좀 불러 주실 수 있을까요?"

조금 불편한 목소리였다. 다시 내가 물었다.

"편찮으신 데가 있으신지요?"

"제가 생굴을 매우 좋아합니다. 점심식사로 생굴을 먹었는데, 속이 불편하군요."

"전화하겠습니다."

호텔에서는 환자가 가끔 발생하는 수가 있다. 이런 경우, SOS 의사에게 전화하면, 대개 30분 안에 의사가 도착한다. 이날은 예외적인 상황이 벌어졌다.

일요일이라서였을까?

1시간이 지났는데도, SOS 의사가 오지 않았다.

포먼 씨가 더 고통스러운 목소리로 전화했고, 나는 'SOS 의사회'에 반복해서 전화했지만 '곧 갑니다, 곧 갑니다' 앵무새 대답만 되풀이했다.

1시간이 훨씬 지나자, 포먼 씨의 고통이 더 심해졌다. 비상상황으로 판단했다. 교회에 간 아내에게 전화하고, 밤 근무자에게 당장 출근하도록 연락했다.

'어떻게 할 것인가?'

포먼 씨와 의논하여, 긴급 소방 구급차를 부르기로 했다. 앰뷸런스가 전화한 지 5분 만에 도착했다. 포먼 씨가 소방원 간호사에게 호소했다.

"고통이 너무 심합니다. '아메리칸 병원' 응급실로 데려다 주십시오."

포먼 씨가 아메리칸 병원을 원한 것은 의사소통 때문이다. 파리 북쪽, 부유층이 많이 사는 '네위(Neuilly)'에 위치한 아메리칸 병원은 세계적인 부자들이 선호하는 고급 병원이다. 영어권 의사들이 많이 일한다.

이 병원은 할리우드 스타들이 즐겨 찾아서 더 유명해졌다. 대신, 건강보험 혜택은 받을 수 없다. 환자가 치료비를 다 자기 돈으로 지불하여야 한다. 병원 대주주가 왕년의 그리스 부호 '오나시스' 재단이라고 하면 상상할 만하다.

때맞추어 아내와 밤 근무자도 리셉션에 도착했다. 내가 포먼 씨에게 말했다.

"제가 동행합니다."

우리 호텔의 고객일 뿐 아니라, 가족처럼 지내온 그를 혼자 병원에 보내서는 안 된다고 생각했다. 소방 간호사의 동의를 얻어 리셉션을 아내와 밤 근무자에게 맡기고 호텔을 떠났다.

앰뷸런스는 왱왱거리는 사이렌 소리를 울리며 달렸다. 차 속에서 포먼 씨는 점점 더 심해지는 고통에 신음소리를 냈다. 20분 정도 걸리는 아메리칸 병원까지의 길이 왜 이리도 더디고, 시간이 많이 걸리는 것인지. 20분의 시간이 20년처럼 느껴졌다.

드디어 응급실에 도착하여 간단한 확인 절차를 거친 뒤, 응급실 담당의사의 진찰이 이루어졌다. 의사가 말했다.

"입원하고 긴급치료에 들어가겠습니다."

침대에 누워 있던 포먼 씨가 일그러진 얼굴로 말했다.

"자, 여기 제가 복용하고 있는 약들이 있습니다. 잘 보관하여 주십시오."

이 와중에 포먼 씨가 자신이 복용하는 약들을 싸들고 온 것을 알 수 있었다. 의사가 비닐 봉투에 가득 담긴 약봉지를 간호사에게 건넸다. 그 약들의 종류가 다양하고 부피가 상당해서 내가 놀랐다. 의사는 포먼 씨를 응급 처치실로 이동하도록 지시했다. 포먼 씨가 치료실 안으로 사라졌다. 나 혼자 덩그러니 남겨진 기분이었다. 이제 무엇을 어떻게 해야 할지, 막막했다. 호텔로 전화했다. 아내가 말했다.

"호텔로 돌아와야지."

"아, 그렇지."

그제야 제정신이 들어 병원 문을 나섰다. 어둑어둑하여지는 시간의 거리는 조용했다. 지나가는 택시를 잡아 호텔로 돌아왔다.

그로부터 며칠간, 아침저녁으로 병원에 전화했다. 그러나 딱- 부러지는 설명이 없었다. 답답해서 병원에 찾아갔다. 그러나 포먼 씨는 만날 수 없었다. 담당의사가 설명했다.

"전신마취 중입니다. 무의식 상태라 면회할 수 없습니다. 환자가 깨어나면 다시 연락드립니다."

이후, 병원 사무처로부터 하루에 한 번씩 전화가 걸려 왔다. 전화의 내용은 반복적이었다.

"약간 의식이 돌아왔지만, 면회할 정도는 아닙니다."

"고통이 심하여 마취에서 깨어나게 할 수 없습니다."

추측컨대, 마취 상태 시간이 대부분이고, 간혹 제정신이 들어오는 상황으로 짐작되었다.

일주일 후이다. 병원 사무처로부터 전화가 걸려 왔다. 다급한 목소리였다.

"상황이 위중합니다. 포먼 씨 가족에게 긴급 연락 바랍니다."

첫날, 앰뷸런스를 타고 병원으로 향하면서, 최악의 상황이 벌어질 수도 있다는 상상을 막연히 하기는 했었다. 그러나 막상 병원으로부터 이와 같은 연락을 받고 나니, 앞이 캄캄했다.

마침 여권을 포먼 씨가 호텔 금고에 맡기고 있었으므로, 혹시 긴급 연락처가 있는지 확인했다. 여권의 맨 마지막 장에서 '비상 연락처' 전화번호를 찾을 수 있었다. 서둘러서 전화했다. 전화 받는 사람은 포먼 씨 아들이었다. 내가 말했다.

"사정이 여차여차한즉, 아버님이 입원하신 병원에 긴급히…."

"제가 지금 스위스에 있습니다. 가능한 한 빠른 항공편을 찾아 파리로 가겠습니다."

그날 저녁, 포먼 씨의 아들이 도착했다. 호텔에서 간단한 설명을 들은 뒤, 그는 병원으로 향했다. 그로부터 며칠 동안 포먼 씨의 용태는 약간 나아짐과 다시 나빠짐의 상태를 반복했다. 병원에 아침, 오후, 저녁으로 다녀오는 아들과 함께 포먼 씨의 상황을 확인했다. 전망은 불투명했다. '포먼 2세'가 말했다.

"마취에서 깨어나 의식이 돌아올 만하다가는 다시 나빠지기를 계속하는, 매우 불안정한 상태입니다."

포먼 2세의 나이는 46세. 그는 자신이 현재 스위스의 부유촌 골프장에서 '티칭프로'로 일하고 있다고 말했다.

"아버님이 일찍 이혼하셔서, 저희는 일정한 간격을 두고 부자관계를 유지했습니다. 외롭게 혼자 사는 아버지셨지요. 저는 스페인 여성과 결혼하여 스페인에서 살고 있습니다만, 계절에 따라서 스위스 골프장에서 티칭

프로 일을 합니다."

그는 한국에 대해서도 아는 것이 많았다.

"저는 한창 젊은 나이 때, 프로 골퍼였습니다. 전 세계에서 열리는 프로 골프대회를 따라 다녔죠. 한국에도 몇 차례 방문했습니다. 프로 골퍼시합 중에 두바이에서 시작하는 대회가 있습니다. 중동에서 출발하여 여러 나라를 거쳐 마지막 대회가 한국에서 끝나죠. 이 대회에 참가하느라, 한국에 여러 번 갔습니다."

포먼 씨의 자녀는 위로 딸 하나, 아래가 바로 골퍼 포먼 2세. 그가 말했다.

"누이는 스코틀랜드 위스키회사에서 일하는 남편을 따라 지금은 홍콩에서 살고 있습니다."

포먼 2세는 병원에 다녀올 때마다 기쁜 소식 또는 기쁘지 않은 소식을 번갈아 가져왔다. 아버지의 상황이 개선되었다가 다시 나빠지는 상태가 반복되었다. 우리는 그날그날 변화에 따라 함께 기뻐하기도 하고, 실망하기도 했다.

일주일이 지났을 때, 포먼 2세는 홍콩의 누이에게 가장 빠른 항공편으로 파리로 들어오라고 연락했다. 아버지가 마취 상태에서 못 깨어나는 상태가 계속되었기 때문이다. 누이가 파리에 도착하자마자, 두 사람은 서둘러 병원에 갔다.

다음 날, 포먼 씨는 의식을 회복하지 못한 채 운명했다. 의학적인 용어를 잘 몰라 정확하게는 이해할 수 없었지만, 사인이 '급성 취장염'으로 추정되었다. 나이 든 환자들에게는 부패한 생굴이 치명적일 수 있다는 것을 이해하게 되었다.

그날 오후, 포먼 2세가 작은 물병 크기의 유리병을 하나 들고 호텔에 돌아왔다.

"포도주 한 잔 하시죠."

무거운 목소리였다. 호텔 앞 카페로 갔다. 그가 병원에 다녀올 때마다 그날그날의 상태를 설명하는 상황실 역할을 한 카페다. 포먼 2세가 유리병을 테이블 위에 놓으며 말했다.

"누이는 홍콩에 가기 위해서, 곧장 공항으로 갔고요. 저는 내일 떠납니다. 그동안 감사했습니다."

두 잔째의 포도주를 마셨다.

"외국인 신분이라 화장(火葬)할 수밖에 없었습니다. 화장 안 한 상태에서 출국하기 위해서는 행정절차가 복잡하기 때문이죠. 제가 아버님이 이 세상에 남긴 재(灰)를 아버님이 사시던 포르투갈 바닷가에 뿌려 드릴 생각입니다."

잠시 대화를 멈추고, 세 잔째의 포도주를 마셨다. 갑자기 한순간, 지구가 회전을 딱- 멈추는 것 같은 기분이 들었다. 불과 열흘 전, 포먼 씨는 내 앞에 서 있었다. 아침저녁으로 인사말도 나누었다. 그런데 지금 그는 한 줌의 재가 되어 유리병 속에 담겨져 돌아왔다. 살아 있음의 허무함, 죽음의 더 허무함.

포먼 2세는 다음 날, 포르투갈로 떠났다.

이야기 7

영화하는 사람

1. 클린트 이스트우드의 야구 모자

'클린트 이스트우드'의 뒤통수와 몽마르트르에서 만났다. 그는 야구 모자를 쓰고 있었고, 감독을 위한 의자에 앉아 있었다. 촬영 진행 요원들이 거리를 차단하고 있어서, 먼발치에서만 볼 수 있었다.

2017년 8월 24일 몽마르트르 언덕, 우리 물랭호텔 바로 앞 골목에서 헐리우드 영화촬영이 벌어졌다. 그중 일부 장면은 호텔 창문에서 내려다보았으니, 불과 몇 미터 떨어진 거리일 때도 있었다.

몽마르트르에서는 1년 365일 영화, 텔레비전, 드라마, 뉴스, 패션 사진, 결혼사진들의 촬영이 계속된다. 요즘에는 중국 신혼부부의 결혼기념사진

촬영이 인기이다. 이런 장면들은 큰길에서도 벌어지고, 고색창연한 뒷골목에서 더 많이 벌어진다. 그러나 헐리우드 영화촬영 현장 구경은 첫 경험이었다.

이 별난 상황의 시작은 한 통의 이메일이었다.

"영화촬영에 물랭호텔을 징발코자 합니다."

발신자가 프랑스 '페닌슐러(Peninsular)' 영화사이다.

이런 이메일 편지를 7월 말부터 8월 초 사이에 두 통 받았었다. 그러나 읽지 않고, 휴지통에 버렸다. 흔한 광고지로 생각했다. 다음 날이다. 리셉션에 메모지 한 장이 날아왔다. 내가 안 만나주니, 직접 방문하여 남기고 간 편지이다.

"해당 사안에 대해서는 직접 만나 설명을 해 드릴 수 있습니다."

이 메모조차 나는 무시했다. 이후, 이틀 동안 여러 명이 교차 방문을 반복하는가 하면, 이메일도 속사포처럼 날아왔다.

미스터리한 영화촬영의 등장

'도대체 무슨 일이길래…?'

그제야, 해당 이메일의 첨부 파일을 찬찬히 읽어 보았다.

- 8월 22일부터 24일까지 이틀간, 영화촬영을 위하여 물랭의 간판 위에 다른 이름의 간판을 붙이는 것을 양해해 달라.
- 촬영은 24일 오전 9시부터 오후 3시까지이다.
- 촬영 후에는 원래의 모습으로 환원을 보장한다.
- 이를 위한 보상비로 몇백 유로를 지불할 것이다.
- 영화를 다 찍고 편집 후 6개월 안에 다시 촬영을 할 수도 있다 등.

처음 당해 보는 상황이었으므로, 이웃 카페, 식당, 호텔 주인장들을 찾아다니며 자문을 구했다. 듣자 하니, 이들 또한 모두 똑같은 편지를 받았다는 것이다.

'그렇다면 할 수 없지!'

영화사의 제안을 수락한다는 회신을 이메일로 보냈다.

그런데 더 이해할 수 없는 상황들이 다음 날부터 또 벌어졌다. 수십 명의 촬영 준비요원들이 이 좁은 몽마르트르 골목을 점령하기 시작한 것이다. 우리는 물론이고, 이웃사촌들의 눈이 휘둥그레졌다.

수십 명에 이르는 진행인, 공사인, 수리인, 보안원들이 나타났다. 이들은 30미터 안팎에 이르는 물랭 골목을 로마의 뒷골목 모습으로 바꾸는 작업을 시작했다. 진행요원들에게 물었다.

"도대체 무슨 영화길래 이 난리입니까?"

대답이 더 미묘했다. 애매한 미소를 지으며 매우 난처한 표정으로 대답했다.

"저도 모릅니다. 혹시 제가 알고 있다 하더라도, 말씀드릴 수 없습니다. 계약이 그렇습니다."

이건 또 무슨 소리란 말인가. 드디어 동네 이웃사촌들 간에 온갖 유언비어가 돌아다니기 시작하였다.

"'키키(KiKi)'라는 이름을 가졌던 누드모델을 주인공으로 한 영화일 것이다. 왜냐하면, 진행 코드가 키키이다."

실제로 곁눈질하여 보자 하니, 길을 막은 차단벽에 붙여진 제목이 '키키'로 적혀 있었다. 그러나 미스터리는 풀리기커녕 더 복잡한 수수께끼에 빠지게 했다.

'왜 몽마르트르 거리를 로마 거리로 바꾸는 어마어마한 오픈세트장 시설 공사를 할까?'

이 작업을 위하여 동원되는 인부들의 규모가 엄청났다. 이들은 열흘 동안 간판 바꾸기, 페인트칠하기, 화분으로 멋진 거리로 장식하기를 진행했다. 그 규모가 또 동네 사람들의 입이 떡- 벌어질 수준이었다. 나는 생각했다.

'〈아멜리에〉 영화촬영 때는 전혀 이런 규모가 아니었다. 도대체 무슨 영화, 어떤 제작자가 이토록 많은 돈을 쏟아 낸단 말일까? 낭비도 이런 낭비가 또 있을까? 저예산으로 고소득을 올려야 하는 것이 영화 제작의 기본이라던데.'

소문은 꼬리를 물고 이어졌다.

'망하려고 미친 짓 하는 제작자일 것이 분명하다' 또는 '세무조사를 피하려고 헛돈 쓰기 꼼수일 가능성이 많다'

드디어 8월 24일 촬영의 날이 밝았다.

골목 안 이웃들은 또 놀라지 않을 수 없었다. 물랭지기가 목격한 진행요원 수가 무려 200여 명. 내 눈으로 보지 못한 이 골목 저 골목, 구석구석의 보안 담당인, 엑스트라까지 합치면 족히 300명이 넘을 어마어마한 숫자였다.

추산컨대, 열흘 전부터 그날까지의 투자비를 다 합치면 최소한 수백만 유로에서 천만 유로에 이를 것이라는 계산이 나왔다. 한화로 바꾸면 최대 수십억 원, 하루 몇 시간의 촬영을 위한 금액이다. 독립영화 한 편을 찍는데 필요한 자금을 쏟아붓는 셈이다. 우리 상식으로는 도저히 이해가 안 가는 엄청난 물량투자였다.

촬영은 아침 9시부터 오후 3시까지. 실제로는 3시 15분에 끝났다. 이 과정은 마치 잘 훈련된 특수부대의 군사작전과 흡사해 보였다. 모든 사람이 다 시나리오와 기획서에 맞추어 척척- 진행되었다.

그들은 거리마다 촬영을 차단벽을 설치하여 통행을 막았다. 이 골목 저 골목으로 카메라를 옮겨가며 촬영이 이루어졌다. 어떤 장면은 우리 호텔의 가장 높은 객실 창문에서 볼 수 있기도 했다. 다른 장면을 보려면, 이동하는 카메라와 연기자들을 따라다녀야 했다. 짬짬이 쉬는 시간 때, 궁금증을 풀어 보려고 촬영 진행자나 관련인들에게 이런저런 질문을 던져 보았다. 대답은 한결같았다.

"모른다. 알더라도 말할 수 없다."

오후가 되었을 때, 퍼즐을 풀 수 있을 실마리가 떠다니기 시작했다.

'클린트 이스트우드…!'

그러나 그의 이름은 우리가 가진 의문을 더 증폭시켰다.

'키키는 무엇이며, 로마 거리는 무엇이며, 클린트 이스트우드는 또 무엇이란 말인가?'

다음 날 새벽이다. 잠자리에서 이불을 박차고 일어나며, 외쳤다.

'아, 이제 알았다!'

열흘 전쯤, 일간지 《피가로》에서 읽은 몇 줄의 기사가 기억난 것이다. 내용이 이랬다.

"헐리우드의 전설적 배우, 감독, 제작자 클린트 이스트우드가 프랑스를 방문한다. 이곳에서 몇 년 전 벌어졌던 'TGV 열차 총격 테러 미수 사건'을 주제로 한 영화를 촬영한다."

맞다. 시리아로부터 난민을 가장한 과거 프랑스 거주 아랍인 테러리스트가 있었다.

그는 혼자서 '브러셀과 파리' 간의 TGV 안에서 승객들에게 무차별 총격을 하려는 계획을 세웠다. 열차 안 화장실에서 철커덕- 철커덕- 소리를 내며 총알을 장전했다.

우연히 화장실 앞좌석에 앉아 있던 미군이 이를 눈치 챘다. 이 미군은 옆자리 미국 국적의 여행자, 대학생 등 세 사람이 힘을 합쳐 테러리스트를 덮쳐 무장해제 시켰다. 이 과정에서 두 사람이 부상을 당했다.

이들 미국인 용감무쌍 3인조는 '엘리제' 대통령 궁에서 '올랑드' 대통령으로부터 훈장을 받았다. '오바마' 대통령 또한 이들을 백악관에 초대하여 영웅 칭호를 선물했다.

클린트 이스트우드는 바로 이 스토리를 영화화하는 것이었다.

그러나 몽마르트르에 오픈세트장을 만들어 촬영한다는 설명은 기사 속에 없었다. 그렇다. 바로 이 영화의 촬영이 어제 우리 호텔 앞과 골목 이곳저곳에서 이루어졌던 것이다. 나의 이 가설은 한 지인으로부터 확인받을 수 있었다.

이 희한하고, 희귀한 미스터리 충만의 경험을 통하여 이해할 수 있었다.

첫째, 헐리우드 영화는 프랑스 제작 예산의 10배, 100배 수준이다.

둘째, 미국은 영웅을 좋아한다.

셋째, 클린트 이스트우드는 헐리우드의 거인이다.

《피가로》의 관련 기사는 해당 영화의 진행이 단 몇 달만에 촬영을 끝내는 초고속 일정이라고 소개했다. 전쟁을 앞둔 군사작전 수준의 철저한 준비가 이를 위한 방안의 하나였던 셈이다. 그러자니, 무제한의 예산을 바탕으로 한 엄청난 규모의 인적 투자가 불가피했으리라는 것을 이해할 수 있었다.

여기까지 생각이 이르렀을 때, 얼핏 지나친 한 장면이 생각났다. 진을 치고 있는 촬영진의 한쪽 구석에 앉아 있는 한 사람이다. 그는 검은 안경에 야구 모자를 뒤집어쓰고, 나무 의자에 앉아 촬영 현장을 묵묵히 바라보고 있었다. 촬영은 전적으로 미국 쪽 조감독과 프랑스의 협력 영화사 쪽 사람들이 진행하는 것처럼 보였다. 정작 이 영화의 감독인 그 자신은 구경꾼처럼 관망만 하고 있었다. 그가 바로 클린트 이스트우드.

결과적으로, 우리는 그의 뒤통수를 만났던 셈이다.

· 몽마르트르 물랭호텔 1 ·

· 이야기 7 영화하는 사람 ·

물랭호텔 창가에서 내려다본 영화촬영 목적의 오픈세트장 모습.

2. 영화 〈아멜리에〉

―

오늘 아침, 〈아멜리에〉 카페에 갔다. 프랑스식으로 아침식사를 시켰다. 크로와상, 바게트 반쪽(크기가 꽤 길다). 계란 프라이 두 개, 진한 커피, 오렌지 주스 등이다.

카페의 벽면 한 구석에 20년이 가까워 오는 오래전에 제작된 이 영화의 포스터 하나가 붙어 있다. 이 사진 속에서 '아멜리에'는 단발머리 모습으로 특유의 청순한 표정으로 이쪽을 바라다보고 있다. 이 사진과 정면으로 마주 앉아서 냠냠, 20년 전, 이 영화를 찍던 시절을 추억했다.

아멜리에 카페 앞을 지나치자면, 오늘도 기념촬영하는 많은 사람들을 만난다. 그렇지 않고서야, 성지순례하는 사람처럼 20년 전 영화촬영 장소를 방문하지는 않을 것이다. 몽마르트르에 사는 우리 같은 사람들보다도 지구 저편 사람들이 더 사랑하게 된 인물이 아멜리에이다. 마법 같은 영화의 영향력이다.

몽마르트르에서는 영화, 텔레비전, 드라마 촬영이 끊이는 날이 없다. 촬영을 위하여 동원된 여러 대의 차량과 진행요원들이 길을 막고 있는 것을 매일 만나게 된다. 영화 〈아멜리에〉도 마찬가지였다. 2001년 개봉되었으니, 촬영은 20년 전인 1999년부터 시작되었다.

〈아멜리에〉를 연기한 여배우의 이름은 '오드리 토투(Audrey Tauton)'. 아멜리에는 기억하여도, 그 여배우의 이름을 기억하는 사람은 많지 않을 것이다.

아멜리에, 아니 오드리는 이 영화 한 편으로 일약 세계적인 스타가 되었다. '톰 행크스(Tom Hanks)'가 출연한 영화 〈다빈치 코드〉의 여주인공이 아멜리에, 즉 오드리였다. 어쨌건, 아멜리에와 오드리는 21세기 영화사의 한 페이지를 장식하는 인물이 되었다.

아멜리에를 찾아서

물랭호텔은 아멜리에 카페와 지척지간이다. 불과 30미터 정도 떨어져 있으니, 엎어지면 코피 터질 정도로 가깝다. 호텔을 나서서 서른 발짝 오른쪽, 왼쪽으로 열 발짝 틀면 이 카페와 만난다.

개봉 때 1천만이 관람하였으니, 대단한 영화다. 벌써 18년 전이다. 그 동안의 비디오, 텔레비전 상영까지 합치면 지금쯤은 총합 1억 명을 훨씬 넘겼을 것이다.

이 영화가 개봉 때부터 난리가 난 것은 아니었다. 저예산 영화여서, 변변한 광고조차 없었다. 우연히 영화를 보고 난 관객들이 '그 영화, 괜찮더라!'라는 입소문을 타면서 성공했다.

지금은 사랑하는, 또는 사랑하기를 원하는 전 세계 여성들의 로망이 된 것이다. 지구 저편으로부터 파리를 찾는 여행자들에게 이 작은 카페는 '사랑하는 사람들의 성지' 대접을 받고 있다. 파리 여행에서 꼭 방문하여야 할 코스 중의 하나가 되었다.

아침, 점심, 저녁, 이 언덕을 지나다 보면 기념촬영하는 사람들을 수도 없이 만난다.

이 동네 사람들이 보기에는 의외의 현상이다. 영화가 히트하기 전까지, 이 카페는 몽마르트르에 있는 흔한, 허름한 카페 중 하나였다. 영화가 뜨면서 신분상승이 된 셈이다. 몽마르트르 사는 사람들에게는 어리둥절한 현상이다. 예를 들자면, 나의 경우는 더 그랬다.

〈아멜리에〉가 난리가 났어도, 영화관에 가서 이 영화를 보지 않았다. 어려서부터 영화광이었는데도 말이다. '몽마르트르에서 찍은 영화가 성공해서 난리가 났다고? 흠흠, 그럴 수도 있는 일이겠지 뭐'라고 생각했다. 시시하거나, 심심한 영화일 것이라고 지레짐작했다.

몇 년의 시간이 지나갔다.

이 영화는 헐리우드에서도 회자되고, 여배우는 물론이고, 카메라가 스쳐 가기만 한 엑스트라까지 스타가 되었다. 여기에 촬영 장소들까지 보태졌다.

카페를 시작으로, 성심성당 아래 회전목마, 허접한 구멍가게까지 다 유명해졌다. 이 현상이 20년이 가까워 오는 오늘까지 지속되고 있으니, '아멜리의 힘'은 정말 세다.

돈 방석 아멜리에

〈아멜리에〉가 얼마나 굉장한 영화인가를 가늠하는 잣대가 있다.

투자금 1천만 달러. 수입금 1억 7천만 4천만 달러. 제작비에 비하여 17배를 벌어들였다. 오늘도 세계 각국 텔레비전에서는 흘러간 명화, 주말의 영화에서 계속해서 등장하고 있으니, 그 수입은 현재진행형이다.

영화의 꽃은 역시 배우이다. 〈아멜리에〉 영화에서 탄생한 새 스타는 단연 오드리이다. 20년 가까이 지났으니, 지금은 아주머니가 되었을 터이다. 가만있어 봐라, 이럴 줄 알았더라면 사인이라도 받아 두었을 것을. 자, 이제 사인을 받을 수 있었던 과거의 상황을 추적해 본다.

느려 터진 촬영 영화가 대박?

내가 이 영화를 시시하거나, 심심할 것이라고 지레 단정한 이유가 있었다.

이 영화가 한창 촬영이 진행 중이던 1999년이다. 우리 차를 위한 주차장이 아멜리에 카페 뒤편이었다. 차를 타러 가려면, 아멜리에 카페 앞을 꼭 지나쳐야 했다.

어느 겨울날, 아멜리에 카페 앞이 자주 차단되기 시작했다. 골목길 양쪽을 다 막아 놓고 한가운데 길에서 영화촬영이 시작된 것이다. 차를 뺄 수 없으니, 무작정 길 한쪽에 서서 기다려야 했다. 이런 일이 아침부터 시작해서 오후나 저녁을 가리지 않았다.

"급한 일이 있어, 차를 꺼내야 하는데."

참다못해 길을 막고 선 진행요원에게 부탁했다.

"잠깐만."

'잠깐'일 때가 없지는 않았지만, 대부분의 경우는 몇 시간씩 걸렸다. 급할 때는 약속을 뒤로 미루거나, 택시, 버스, 지하철을 이용해야 했다. 이해는 간다. 잠깐이라는 시간이 진행요원 수준에서 결정할 일은 아니었을 터이니까.

촬영 기간이 한두 달도 아니고, 한겨울 내내 그리고 또 부지하세월이었다. 때로는 이제나 저제나 촬영이 끝날까, 먼발치서 기다리는 수가 있었다. 답답함의 극치였다. 지루하고 따분했다.

예를 들어, 두 연인이 골목길에서 팔짱을 끼고 걸어 나오는 장면이 있다고 치자. 진행요원들의 준비, 분장, 의상. 조명, 음향 담당자들의 부산스러움, 연출자, 조연출자의 지시 후 드디어 연기자들이 걸어 나오는 장면을 촬영한다.

그 과정이 느려 터지고, 현실감이 전혀 나지 않았다. 한심했다. 우리가 스크린에서 보는 영상들과는 너무 달랐다. 재미도 없고, 실감도 안 났다. 왕짜 느림보 행보로 슬로 모션 영화의 왕중왕 풍경이다.

지루하고, 답답하고, 짜증 나는 상황의 연속. 습관적으로 오랫동안 아멜리에 카페 앞 지나기를 포기했었다. 이런 생각도 했다. '흥, 돈깨나 투자했다가 망조가 들겠구나!'

이 느려 터진 촬영이 21세기 전설적인 영화의 하나로 등극하게 되리라고는 상상하지 못했다. 화딱지가 나서 촬영장 흑판에 적혀 있는 촬영 영화의 제목이 무엇인지에 관심조차 없었다.

동양 여성들에게 인기 짱!

영화의 인기는 서서히 프랑스를 넘어, 헐리우드를 거쳐 일본, 한국에까지 떨쳤다. 몇 년을 두고 물랭호텔 고객들이 똑같은 질문을 했다.

"영화 속 아멜리에 카페가 어디죠?"

"네? 아, 바로 코앞입니다. 이리로 쭉- 나가서, 저리로 쭉- 가면….''

아멜리에 카페 열풍은 특히 동양 여성들에게 강렬한 인상을 남긴 것으로 이해되었다. 특히 일본인들이 더했다. 아멜리에 카페 앞에 가서 기념촬영하고, 카페 안에 들어가서 커피나 포도주 마시고, 아이스크림이라도 먹지 않고, 나오지 않는 사람은 일본인이 아니라고 말할 수 있을 정도로 극성이었다.

일본 여성들의 〈아멜리에〉 사랑은 거의 병적인 수준으로 보였다. 파리

세계 각국으로부터의 방문 여행자들을 위하여 한쪽 벽에 영화 〈아멜리에〉 포스터가 붙어 있다. 실제로 이 영화가 바로 이 카페 안에서 촬영되었다.

를 여행하는 이유가, 몽마르트르에 묵는 이유가, 아멜리에 카페를 방문하여, 〈아멜리에〉 영화 포스터 앞에서 기념사진 하나 촬영하는 것이 목적인 일본인 여성을 여러 명 만났다. 요즈음은 중국인 여행자 수가 늘어 일본 여성들의 극성을 수적으로 압도하기 시작하고 있다.

굉장한 영화의 힘이다.

몽마르트르 순례-아멜리에 카페

개봉한 지 몇 년 후에야 이 영화를 볼 수 있었다. 프랑스 텔레비전 〈일요 시네마 프로〉에서다.

소감은, '참, 잘 만든 영화다'였다. 시나리오가 명료했다. 복잡한 줄거리도 없고 내용이 아주 간단하다. 단순한 스토리를 엮어 나가는 방식이 독특하고, 신선했다. 소설 같기도 하고, 희곡 같기도 한 내레이션이 문학작품을 읽는 착각도 일으켰다.

내가 30여 년 살아온 몽마르트르의 구석구석을 매우 강한 애정을 가지고 담은 한 폭의 그림이었다.

"잘 썼네!"

무릎을 쳤다.

영화의 장면, 장면을 보자면, 예술가적 감성으로 구석구석 잘도 기억하고, 잘도 찾아서 촬영했다는 인상을 받았다. 대단한 감수성, 대단한 기억력이었다. 영화 속에 나오는 동네 구석구석을 지나다 보면, 탁월한 감수성에 감탄하지 않을 수 없었다.

지금도 이 영화의 감독은 여전히 몽마르트르에 살고 있다고 한다. 자주 가는 카페의 '가르쏭'이 나에게 말했다.

"〈아멜리에〉 감독이요? 아, 그 사람 우리 카페에 자주 와서 커피 마시고 가곤 합니다. 평범하게 살아가는 사람이죠."

'장 피에르 주네(Jean-Pierre Jeunet)' 감독은 명예와 부를 얻었음에도, 예전과 똑같이 살아가고 있다고 한다. 대단한 프랑스인이다.

영화 〈아멜리에〉가 촬영된 카페의 내부 모습. 한가운데 해당 영화 포스터가 걸려 있다.

· 이야기 7 영화하는 사람 ·

2001년 개봉된 영화 〈아멜리에〉 카페. 지금 이름은 '두 개의 풍차 카페'.
평범하여 누추하여 보이기까지 하는 이 카페에는 매일 수백, 수천 명의 여행자들이 기념촬영하고 있다.
특히 일본, 중국, 한국인 등 동양 여성들이 많다.

스타에 무심한 몽마르트르

몽마르트르는 영화촌이나 다름없다. 수많은 스타들이 많이 모여 살고 있다. 때문에 거리에서 이 사람들을 쉽게 만날 수 있다. 프랑스 영화계 인물들을 이웃집 사람 만나는 것처럼 대할 수 있다. 이 유명인들의 이름을 손꼽아 나가자면, 손가락이 모자랄 지경이다.

내로라하는 유명인을 만나도, 몽마르트르 사람들은 별 반응이 없다. 삐까번쩍하는, 바로 어제 텔레비전 화면에서 본 스타를 만나도 마찬가지이다. 예를 들어, 생선가게에서 연어 한 마리 살 때 보자면, 바로 내 뒤에서 장바구니를 들고 제 순서를 기다리고 있는 식이다.

카페나 식당에서도 마찬가지이다. 사인을 해 달라고 달라붙는 팬을 본 적이 없다. 유난스럽게 쳐다보지도 않는다. 서로 남남으로 자연스럽게 지나친다. 한국인 여행자들이 종이와 팬을 꺼내 유명인에게 사인을 흔히 받는 장면과는 사뭇 달랐다.

〈아멜리에〉를 탄생시킨 감독 장 피에르 주네는 오늘도 몽마르트르의 어디에선가, 카페에 앉아 다음 작품을 구상하고 있을 것이다.

나의 시나리오 《몽마르트르 버스》

2018년, 몽마르트르를 배경으로 한 시나리오를 한 편 썼다. 제목을 《몽마르트르 버스》라고 붙였다. 그해 신춘문예에 응모했는데, 떨어졌다.

3. 클라우디아 카르디날레의 물랭 투숙

—

2015년, 한겨울의 어느 날이다. 빈 객실 하나를 차지하고 일을 하고 있는데, 리셉션에서 전화가 왔다. 근무자가 말했다.

"프랑스 영화사에서 찾아와서 배우가 쉴 수 있을 조용한 방 하나를 달라는데요?"

"드리시죠."

"함께 온 조감독과 진행요원 말이 뭐 세계적인 스타라네요."

"세계적인 스타? 별 2개의 평범한 저희 호텔에 그런 사람이 왜 찾아오겠어요. 농담이겠죠."

리셉션 근무자는 왜 일일이 나에게 찾아온 고객을 수락할지, 아니면 거절할지를 문의하는 것일까? 그 이유를 소개한다.

개업 초기, 우리는 다른 호텔들처럼 투니지아인 유학생들과 일했다. 파리에는 호텔에서 일하는 투니지아 유학생들이 많다. 프랑스에서 비행기로 불과 2시간 거리이니 11시간 걸리는 한국과 차이가 많다. 이들은 성실하고, 프랑스어를 잘하고, 일자리를 자기들끼리 물려주고 물려받는 전통을 가졌다. 다른 아랍 나라 사람들에 비하여 착하다. 내가 경험한 바가 그랬다.

투니지아 유학생들은 호텔 리셉션에서의 밤 근무를 선호한다. 낮 시간보다 밤에는 아무래도 해야 할 일이 적다. 리셉션을 지키면서 틈틈이 공부할 수 있는 장점 때문이 있다. 호텔 운영 초기에 경험이 없던 우리는 투니지아 유학생에게서 일을 많이 배웠다. 근무자가 운영자를 가르쳐 준 경우이다.

프랑스에서 학위를 따면, 이들은 귀국하여 고위 공무원직 등에 진출한다. 우리와 같이 일했던 한 투니지아 근무자는 20여 년 후에 찾아와서 명함을 건네는데, 대법원 대법관이 되어 있어서 감회가 깊었다.

우리 부부가 웬만큼 일에 익숙하여 진 이후, 단계적으로 한국인 유학생으로 교체했다. 이를 이해하기 위해서는 파리 한인사회의 특별한 상황을 설명할 필요가 있다.

우선, 파리에는 유학생이 많다. 교민 자영업자는 적다. 일자리가 적을 것은 당연하다. 한국 대기업 프랑스 법인에도 유학생 일자리가 거의 없거나, 아주 적다. 과거 대우 그룹이 좀 예외였는데, 이마저 문 닫은 지가 오래인 것이 오늘의 현실이다.

결과적으로 파리에서 유학생이 찾을 수 있는 일자리는 선택의 폭이 아주 좁다. 식당, 식품점이 대부분이다. 우리 호텔은 사무직에 해당되어서 굉장히 우수한, 석·박사과정의 많은 유학생들과 일할 수 있었다.

단점도 있었다. 근무할 수 있는 기간이 짧았다. 일에 익숙하여질 만하면 떠나야 했다. 목표한 학위를 땄으니, 귀국하여 강단에서 일할 자리를 찾아야 하는 것이 당연하다. 파리 한인 교포지《한 위클리》에 끊임없이 전면 컬러 광고를 때리면서 구인작전을 펴게 된 배경이다.

우리에게는 치명적인 약점이 있었다. 운영자나 근무자가 다 전문적인 지식이나 경험이 부족했다. 그 속에서 다른 호텔과 경쟁해야 했다. 해결방법은 대화밖에 없었다. 아주 작은 문제도 의논했다. 이 때문에 운영자는 호텔 주변에서 멀리 떨어져 있을 수 없었다. 24시간 비상대기 상태를 유지했다. 근무자가 공부하며 일하는 데 도움이 되고자 애썼다.

호텔은 다양한 국적, 인종, 언어를 가진 고객들과 만난다. 크고 작은 차이는 있었지만, 항상 문제가 끊이지 않는다. 세계 어디를 가도 호텔, 숙박업은 마찬가지일 것이다. 왕초보 우리들의 서비스를 단골 고객들이 너그러이 받아 준 것은 정말 감사할 일이다.

어떤 근무자가 어떤 예약을 받았을 때, 그 결과는 본인이나 또는 다른 근무자에게로 넘어간다. 문제는 비상상황이 벌어졌을 때이다. 단골 고객이 절반 이상을 차지했지만, 괴팍한 고객을 만나는 상황을 피할 수는 없다. 문제의 출발이다.

누구 예약을 받았느냐, 어떻게 처리했느냐, 돌발적인 상황의 처리가 다음 근무자 또는 운영자에게 직격탄으로 떨어진다. 때문에 근무자는 운영자인 나에게 '어떻게 할까요?'라고 의논하는 경우가 많았다.

이날, 자칭, 타칭 '세계적 스타'의 예약을 받을 것인지, 말 것인지에 대한 의논이 이에 해당한다.

그날의 리셉션으로 돌아가 보자.

근무 교대시간이 되어서 리셉션으로 내려갔다.

영화사 진행요원이 예약한 '매우 유명한 배우'라고 소개한 고객을 위한 '정원 방'의 열쇠를 받아 갔다.

우리 호텔은 건물이 작아도 본관과 별관으로 구성되어 있었다. 본관 뒤쪽은 별관이라 불렀는데, 작은 공간에 꽃을 심어 화단으로 만들었다. 길가 쪽에서 뚝— 떨어졌으니 조용해서 단골 고객들이 선호했다.

곧이어 촬영 도중의 연기자로 짐작되는 한 할머니 모습의 여성이 영화 속 의상을 걸친 채 방으로 향했다. 조감독과 진행요원으로 보이는 두 사람도 뒤따랐다. 잠시 후, 조감독이 리셉션으로 나오면서 나에게 물었다.

"저분이 누구신지 아세요?"

"?"

"'클라우디아 카르디날레(Claudia Cardinale)'."

왕년의 대배우가 우리 호텔에?

우리는 단 별 2개의 평범한 숙박업소이다. 왕년에 유럽은 물론이요 헐리우드에 진출한 세계적 스타 클라우디아 카르디날레가 투숙했다? 큰 충격에 더듬거리는 말투로 내가 물었다.

"그런 분이 어떻게 저희 집에?"

진행요원으로 보이는 사람이 설명을 더 보탰다.

"날씨가 워낙 추워서요. 촬영 틈틈이 이곳에 와서 쉬도록 배려해 드린 겁니다. 친절히 맞아 주어 감사합니다."

나의 젊은 날, 스크린을 통해서만 만났던 클라우디아 카르디날레는 미녀 스타였다. 그녀가 출연한 영화를 내가 얼마나 많이 보았는지 헤아릴 수 없을 정도이다.

'이탈리아 영화배우 클라우디아 카르디날레가 왜 파리에?'

검색에 들어가서, 내가 몰랐던 여러 가지 사실들을 확인했다.

- 튀니지아-이탈리아 부모 사이에서 출생.
- 일찍이 이탈리아 영화 전성기 때, 스타로 우뚝.
- 헐리우드에 진출하여 세계를 무대로 발돋움.
- 현재는 파리에 거주하며 때때로 영화, 텔레비전, 드라마 등에 출연.

'아, 그랬던가!'

나이 든 할머니가 된 클라우디아 카르디날레의 2015년 모습에서 삶의 허무함을 느꼈다.

체크아웃 할 때, 더 평범한 모습의 할머니로 호텔을 떠나는 클라우디아 카르디날레.

그녀가 사라진 거리 쪽으로 눈길을 주며 한참 서 있었다.

4. 레슬리 카론과의 대화

―

'레슬리 카론(Leslie Caron)'이 누구인가?

〈파리의 미국인〉이라는 영화가 있다.

비 내리는 거리에서 우산을 든 채로 탭 댄스를 추며 〈싱잉 인 더 레인(Singing in the rain)〉 노래를 부르는 남자배우. 그의 이름이 '진 켈리(Gene Kelly)'.

그와 함께 춤추는 여배우가 레슬리 카론이다. 헐리우드에 진출한 프랑스 여배우 1호. 내가 학생 때 관람한 레슬리 카론 주연 영화가 한둘이 아니다. 그때는 프랑스 사람이라는 것조차 몰랐다. 이 레슬리 카론을 우리가 운영하던 한식당 '나라'에서 만났다.

어느 일요일 저녁, 아담한 몸매의 중년과 노년 사이 나이로 보이는 한 여인이 홀로 우리 식당에 나타났다.

"무엇을 드실까요?"

메뉴판을 전하면서 물으니, 자세히 들여다보지도 않고 주문했다.

"'코리안 바비큐', 불고기로 하겠어요."

프랑스인 손님들 중에는 한국 음식을 처음 먹어 보는 사람이 많다. 자세한 설명이 따라야 하는 경우가 많다. 그러니 의외였다.

"아, 한국 음식을 잘 아시네요."

"제가 미국생활 때 한국 음식을 대할 수 있는 기회가 있었습니다."

"반갑습니다."

이렇게 대화가 시작되었다.

일요일 저녁, 한가한 시간대였으므로 대화를 계속할 수 있었다. 레슬리 카론이 나에게 물었다.

"미국을 잘 아시나요?"

"예. 회사 출장 간 적이 있고, 한 1년 미국에 있다 프랑스에 돌아왔습니다."

우리는 세계적인 영화배우 스타에 대한 환상이 있다. 그들은 우리들의 이미지 속에 또는 기억 속에서 영화 속 인물로 포장되어 각인되고, 저장된다. 그러나 실제 만나 보면, 그냥 보통 사람으로 느껴지는 경우가 많다.

레슬리 카론도 이 경우에 해당했다.

수수한 차림, 평범한 대화를 나눌 수 있는 사람이었다. 내가 그녀의 영화를 스크린에서 처음 만난 것이 중학생 때였으니, 충격이 더 컸다.

그녀와 1시간 반 정도 함께 자리를 하며 나눈 대화의 구체적인 내용은 가물가물하다. 우연한 만남이었기 때문에 다 까먹었는지도 모른다.

최근, 궁금하여 검색해 보니, 레슬리 카론은 오늘도 파리에서 건재하고 있다. 물론 할머니 나이로 아흔 살에 육박한다. 그동안 프랑스 문화성으로부터 영화에 기여한 공로를 인정받아 여러 개의 훈장을 받기도 했다.

〈바람과 함께 사라지다〉에 출연한 '올리비아 하빌랜드(Olivia De Havilland)'도 파리에서 살고 있다. 그는 레슬리 카론보다도 나이가 더 많다.

왕년의 힐리우드 스타, 특히 그중에서도 여배우들이 파리에서 노년을 많이 보내는 것은 왜일까?

다시 레슬리 카론을 만나게 된다면 물어보아야겠다.

5. 점잖은 영화인 안성기 씨

세월이 지나도 기억나는 사람이 있다. 영화인 안성기 씨이다. 27년 전 일인데도 생생하다. 물랭호텔 문을 연 지가 불과 몇 달 뒤의 개업 초기였기 때문에 기억이 더 또렷하다.

1990년, 영화인 안성기 씨와 한 지붕 아래서 열흘을 보냈다. '맥스웰' 커피 광고영화를 촬영하기 위하여서였다. 감독, 조감독, 연기자, 촬영, 조명, 음향 팀이 동행했다. 안성기 씨, 부인, 일행이 모두 10여 명이었다. 일이 다 끝나서 귀국하기 바로 전날, 저녁식사 자리에서 안성기 씨에게 사인을 부탁했다.

'제 집처럼 편하게 지내다 돌아갑니다. 안성기.'

한순간에 써 내려간 내용이었다. 이 사인북은 지금까지 잘 보관하고 있는데, 안성기 씨의 인간성을 고스란히 표현한 글로 이해되었다.

이 글을 두고 내가 깨달은 것이 있다. '아무나 스타가 아니로구나! 스타가 되려면 적어도 안성기 씨 수준의 인성은 가져야 되겠구나!' 나뿐이 아니다. 근무자 10여 명 모두 그와의 열흘 동안을 기분 좋게 추억했다.

만나기 전까지, 안성기 씨에 대해서 나는 아는 것이 별로 없었다. 한국

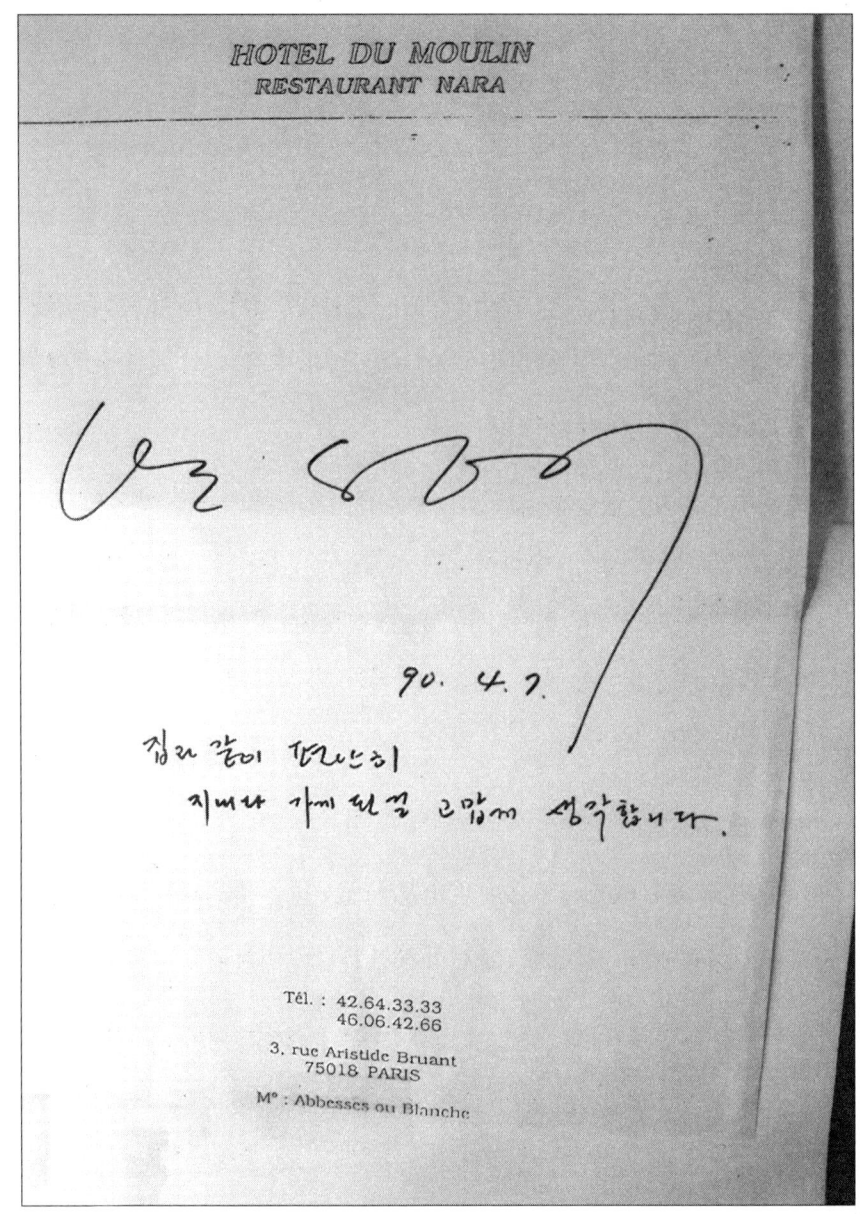

개업 초기의 고객 영화인 안성기 씨가 남긴 편지.
"집과 같이 편안히 지내다 가게 된 걸 고맙게 생각합니다"라고 썼다.

영화계 스타 중의 한 사람이라는 것, 부친이 영화 제작자였고, 아역배우 출신이라는 것. 이렇게 신문에서 드문드문 읽은 것이 다였다. 열흘간의 안성기 씨와의 생활에서 인상적이었던 것은 '다른 사람에 대한 배려'이다. 푸근한 인성, 남에 대한 이해, 베풀고자 하는 여유로움, 인내심이 남달랐다.

촬영은 겨울과 봄 사이에 이루어졌다. 몽마르트르 꼭대기 언덕 위 테르트르 광장의 한 카페에서였다. 기온은 아직도 쌀쌀하고, 바람 부는 날이 많았다.

물랭호텔에서는 한국으로부터의 텔레비전, 드라마, 영화, 광고촬영 팀을 많이 만났다. 그리고 그들이 경험하는 많은 어려움을 곁에서 지켜보았다.

파리에서 촬영을 한다는 것은 겉보기에 멋있어 보인다. 그러나 현실은 가혹하다. 낯익은 한국 땅, 한국 스튜디오에서 작업하는 것과는 하늘과 땅 차이일 것이다. 그들이 해결해야 할 애로 사항은 한둘이 아니다.

어려운 문제는 대개 세 가지였다. 곁에서 목격한 내용을 적어 본다.

우선, 외부로부터의 어려움.

파리는 낭만적인 도시라는 선입관과 기대를 갖는다.

그러나 대규모의 촬영 팀이 파리에 도착하면 문제가 달라진다. 촬영 허가, 현지 코디와의 협조, 숙식, 언어, 장비 임대, 날씨, 짧은 기간, 재정 문제 등. 파리에서 일정이 하루만 더 연장되어도 예산을 초과하는 것은 당연한 일이다. 여기서 돈을 쓰는 사람과 지불하는 사람이 충돌한다. 이런 경우를 여러 차례 목격했다.

둘째, 내부로부터의 어려움.

일의 진행이 지체되고, 계획대로 안 되면, 결과는 뻔하다.

각자의 인내심이 고갈되어 불평하다가, 대립한다. 내부로부터의 와해가 시작된다.

셋째, 리더십이다.

이런 대립 상황을 어떻게 풀 수 있을까.

이는 리더십의 문제이다.

누가 리더이냐에 따라 결과가 하늘과 땅 차이였다. 리더에 따라 더 좋아지는 수도 있고(그렇지만 이런 경우는 드물었다), 원수처럼 으르릉대다가 해외촬영이 망가지고, 인간관계도 깨지는 경우도 많다.

기술직과 진행 팀의 대립이 흔했다.

그동안 익숙했던 한국에서의 촬영과는 전혀 다른 환경이 진행되니까, 계획했던 일정에 차질이 온다. 이 어려움을 누가, 어떻게 해결하고, 화해시키느냐가 중요했다.

해결의 열쇠는 진행 팀의 리더가 누구냐에 따라 결과가 달랐다. 안성기 씨 팀의 경우도 마찬가지였다. 곁에서 보기에만도, 이런저런 어려움들이 있었다. 매우 섬세하고, 애매하고, 힘든 상황이 들쑥날쑥했다. 이 와중에서 안성기 씨의 중재능력이 탁월했다. 역할로만 본다면, 안성기 씨는 연기자이다.

감독, 조감독이 따로 있다. 그런데 안성기 씨가 자발적으로 나서서 중재했다. '원만한 해결을 위한 종결자'가 안성기 씨였다.

그는 논쟁이나 설득의 과정 없이 솔선수범으로 위태위태한 상황을 전환시켰다. 마음속으로 감탄하면서 이 장면들을 지켜보았다.

그로부터 10여 년 후이다.

한국에 갔을 때, 영화 〈실미도〉를 보았다. 드라마틱한 영화였고, 안성기 씨의 연기에 주목했다. 이보다 더 인상적인 것이 있었다. 제작, 감독자 강우석 씨의 회고담이다. 내가 기억하는 내용을 옮긴다.

"촬영 때, 실미도는 무인도였다.

한겨울 촬영 때, 섬에는 아무 것도 없었다.

세끼 식사도 인천에서 배로 실어 날랐다.

메뉴가 짜장면, 군만두가 다였다.

인천에서 출발한 음식이 한겨울에 섬에 도착하면 얼어서 버석버석했다.

가뜩이나 고생 많은 연기자, 촬영 팀의 불만이 폭발 직전이었다. 이때 안성기 씨가 말했다.

'어허, 이 세상에 태어나서 이렇게 맛 좋은 짜장면에 군만두는 처음일

세. 냠냠!'

대선배 연기자 안성기 씨가 쩝쩝대며 너무나 맛있게 먹는 모습에 누구 하나 불평할 수 없을 분위기가 되었다.

제작감독인 나로서는 안성기 씨의 이 한마디가 그렇게 고마울 수가 없었다."

강우석 씨의 이 회고담이 나로서는 전혀 생소하지 않았다.

10여 년 전, 몽마르트에서 광고촬영 때의 상황과 똑같았다.

물론 파리에서의 '맥스웰' 커피 광고와 〈실미도〉는 달랐을 것이다. 그러나 안성기 씨의 해결사 능력이 큰 힘을 발휘하였기는 마찬가지였을 것이라고 믿었다.

이야기 8

음악하는 사람

물랭호텔에는 '온 가족 고객'이 많았다.

우리는 출장과 사업 차 파리를 방문하는 고객들이 대부분이었음에도 이분들 또한 가족 동반의 경우가 많았다. 손자, 손녀, 아들, 딸, 며느리, 할머니, 할아버지가 함께 투숙하는 경우를 말한다. 덕택에, 부모가 동반하는 나이가 어린 아이들을 고객으로 많이 만날 수 있었다. 이는 보통 호텔의 경우와는 차이가 많다.

'왜?'

아주 작은 시설이지만, 우리 호텔에는 가족실 성격의 객실이 있었다. 마당 쪽을 향한 건물 뒤편의 객실이다. 단골 고객들은 이 방을 선호했다. 1층이어서 엘리베이터를 타지 않아도 되는 편리함도 한몫 했다. 리셉션에서 많은 아이들 고객을 만날 수 있어 우리들 또한 행복한 시간을 가질 수 있었다.

어린이 고객이 투숙하면 장점이 많다.

어른들이 아이들을 예뻐하는 것은 세계 공통이다.

긴장된 상황이 발생하였을 때, 어린이가 나타나면 분위기가 싹- 바뀌었다.

우리 손녀, 손자가 대여섯 살 때여서 더했다. 아이들끼리는 서로 언어가 안 통해도 금방 친해졌다. 신기했다. 한국에서 온 아이들과 파리에 사는 우리 손주들이 서로 한국말, 프랑스말로 거침없이 대화 아닌 대화를 나누는 장면이 경이로웠다.

1. 천재 음악 소녀와의 만남

—

어느 날, 외출했다 돌아오는 길이었다. 리셉션 앞을 지나치다 별난 아이의 얼굴과 딱- 마주쳤다.

리셉션 앞 소파에 앉아 있는 서너 살 나이의 여자아이는 분위기부터가 범상치 않았다. 눈이 또롱또롱하고, 호기심이 떼굴떼굴- 굴러가는 표정이었다. 마음속으로 감탄했다.

'히야, 엄청 똑똑해 보이는 아이인걸?'

그날은 눈인사만 나누었지만, 소녀의 유별난 모습이 내 눈앞에 한참 남아 있었다.

다음 날 아침, 아이의 아버지와 대화를 나누게 되었다. 어린 소녀의 아버지가 자신을 소개했다.

"울산 공대 김 교수라고 합니다."

"예쁜 따님을 두셨네요."

"모스크바 대학에서 교환교수로 있다, 귀국하는 길입니다."

"따님이 매우 총명해 보이더라고요."

김 교수가 말했다.

"바로 그 아이 때문에 의논드립니다. 저는 파리가 처음입니다."

따님과 관련한 김 교수의 설명이 뒤따랐다.

"모스크바에서 제 딸에게 바이올린 레슨을 받게 했습니다."

김 교수가 설명하는 러시아에서의 경험을 정리하자면 이렇다. 모스크바 음대 교수가 레슨을 맡았다. 이분이 김 양에 대해서 했다는 덕담이 특별나다.

"이 아이는 내가 가르칠 수 있는 수준이 아니다. 나를 가르쳐 준 원로 음악인을 소개하여 드리니, 그분에게 레슨을 받는 것이 좋겠다."

내가 김교수에게 물었다.

"그래, 어떻게 하셨습니까?"

"모스크바에서 몇 시간 비행기 타고 다른 도시에 가서 일주일에 한 번씩 레슨을 받았습니다."

"대단한 따님이네요."

"한국에 들어간다고 인사 갔는데, 그분에게서 뜻밖의 말씀을 듣게 되었습니다."

내가 말했다.

"따님이 정말 똑똑해 보이던데요. 음악에 천부적인 재능을 가진 것이 분명하군요."

이어지는 김 교수의 설명이다.

"그분 말씀이 무어냐 하면 귀국길에 파리에 가서 이런이런 음악 영재학교를 꼭 방문하기 바란다. 이런 내용이었습니다."

때가 막 여름방학이 시작되는 시기였다.

음악학교에 전화하니, 방학 기간 중이어서 입학을 위한 면담이 불가능하다는 대답이 돌아왔다. 안타까운 마음에 내가 제안했다.

"이 학교는 어디어디에 있는데, 따님과 함께 교정 구경이라도 하고 오십시오. 혹시 마음에 드신다면, 한국에 가서 새 학기가 시작되는 9월에 문의하시면 되지 않을까요?"

"알겠습니다."

김 양은 자기 몸에 맞게 아주 작은 바이올린을 가지고 있었다. 이 앙증맞은 악기를 들고 김 양은 아버지 김 교수와 택시를 타고 떠났다.

프랑스 영재학교, 천재를 알아보다

김 교수의 부인은 김 양의 동생이 갓난아기여서 호텔에 남았다. 덕담을 시작했다.

"천재 소녀를 따님으로 두셨으니, 부럽습니다."

"걱정이 많아요. 제가 작곡을 전공했습니다. 무료한 모스크바 생활에서 아이에게 취미 삼아 바이올린을 시켰는데, 일이 커져서 제가 당황스럽습니다."

"하하. 작곡을 전공하셨다니 따님이 어머니 유전자를 많이 이어 받았네요."

"아이 아빠는 울산으로 귀국하여야 하는데, 거기서 딸아이가 어떻게, 누구한테, 레슨 받을 수 있을지도 걱정이고요."

점심시간이 되어 부인과 식사를 하는데, 음악 영재학교 방문을 마친 김 교수와 김 양이 호텔로 돌아왔다. 내가 물었다.

"어떻게 되었습니까?"

방문 결과가 궁금했다.

"더 고민이 생겼습니다."

"?"

김 교수가 설명을 시작했다.

"학교에서 교장 선생님과 딱- 마주쳤답니다."

"대단한 우연의 운명이십니다."

"교장 선생님 말씀이 간단한 연주를 해 보자는 겁니다."

김 양이 단 몇 분 동안을 연주했을까 말까 했을 때다. 연주를 멈추게 한 뒤, 교장 선생님이 말했다고 한다.

"다음 학기에 입학하도록 하십시오. 모든 경비는 저희 학교가 부담하겠습니다."

김 교수가 부인을 바라다보며 말했다.

"고민이네, 고민이야."

며칠 후, 김 교수와 김 양은 파리를 떠났다.

후일담이다.

울산에 돌아가서, 김 교수는 교단에 귀환했다. 김 양은 파리 유학은 포기했다. 대신, 이 학교가 추천하는 같은 학교 출신의 한국인 바이올리니스트로부터 일주일에 한 번씩 레슨을 받기로 했다. 그러나 이 레슨도 간단한 문제는 아니었다.

김 양의 새로운 바이올린 선생님은 서울에서 살았다. 김 양이 울산에서 서울에 가려면, 김 양 어머니의 동행이 필요했다. 그러나 갓난아이 동생까지 세 사람이 포항과 서울을 왕복한다는 것은 불가능했다.

해결 방법은?

이 연주자 선생님을 울산으로 초청했다. 일주일에 한 번씩이다.

그러나 김 교수의 경제적인 사정이 또 장애였다. 김 양 한 사람 배우기 위하여 모든 경비를 부담하는 것이 불가능했다.

궁리 끝에 방법이 나왔다. 울산에서 바이올린 레슨을 받고 싶어 하는 김 양 또래의 여러 지원자를 모아 단체 레슨을 받기로 한 것이다.

이름은 잊었지만…

그로부터 10년 후, 한국 일간지를 보다가 눈에 번쩍 띄는 기사를 발견했다.

"15살 한국인 천재 소녀 김 양이 작곡한 교향곡이 모스크바에서 초연되었다."

연락이 끊긴 지가 오래 되어 자세한 상황은 알 수 없었다.

추측컨대, 김 양은 어느 시점에 모스크바에 유학을 갔다. 이후, 바이올린 연주뿐 아니라 작곡에까지 영역을 넓힌 것이다. 10대 나이에 교향곡을 작곡할 수준이 되었다니, 놀라운 일이었다.

그로부터 또 소식이 끊긴 지가 벌써 10여 년이 넘는다. 김 양은 이제 20대 중반 나이가 되었을 것이다.

이 천재 소녀는 지금 어디서 무엇을 하고 있을까.

2. 12살 장한나 양과의 만남

—

 장한나 씨가 2019년 11월 13~14일, 서울 예술의 전당에서 노르웨이 '프론헤임' 관현악단을 지휘하리라고 한다. 서울에 가서 이 연주회를 꼭 보고 싶다. 12살 때 처음 만났던 첼리스트 장한나 양이 어떻게 37살 지휘자 모습으로 변화하였을까, 궁금해서다.

 '파리에서의 오징어 볶음과 돼지고기 볶음에 얽힌 추억을 그는 기억하고 있을까?'

 1994년, 이 글을 쓰는 시점에서 25년 전의 일이다. 한밤중, 파리에서 서울로부터의 전화를 받았다. 여성 월간지《우먼 센스》편집장이다.

 "오늘 아침, 파리 교외 어느 호텔에 가면 장한나 양을 만날 수 있습니다. 어머니와 함께 있으니, 인터뷰 바랍니다. 어제, 파리에서 약관 12세 나이로 세계적인 음악 쿵쿠르 '제5회 로스트로포비치 첼로 콩크르'에서 최우수상을 받는 음악 천재입니다."

 때는 내가 파리에서 열리는 음악회, 오페라를 열심히 쫓아다니던 시기였다. 정명훈 씨가 바스티유 오페라 지휘자 겸 음악감독이 되면서, 더 자주 찾아 다녔다. 가문의 영광 아닌, 한국인의 기쁨이었다. 열렬한 '정명훈 팬'이 되어 클래식에 푹– 빠졌다.

정명훈 씨가 바스티유 오페라에서 떠나게 되었을 때, 매우 분개했다. 프랑스 정치판의 희생양이 된 판이라 더했다. 이 과정을 설명하는 나의 글이 《월간 조선》에 실렸다. 정명훈 씨의 어머님이 눈물을 흘리며 읽었다는 소식을 전해 들었다.

정명훈 씨 모친의 희망에 따라 《PARIS 마지막 오페라》라는 제목의 책을 출간했다. 편집, 발행이 '서울문화사'이다. 일요신문, 《우먼 센스》를 내는 출판 그룹이다.

이런저런 인연으로 서울문화사 분들과 연락을 가졌다. 그 와중에 《우먼 센스》로부터 장한나 양을 취재하라는 연락을 받은 것이다. 그즈음, 물랭호텔 일을 하면서 짬짬이 프리랜서로 여기저기 원고를 보낼 때이다. 《월간 조선》, 《주간 동아》, 《우먼 센스》 등이다. 긴급 전화에 이어 팩스가 날아왔다.

"관련 자료를 팩스로 보내니, 일간지 파리 특파원들보다 먼저 가서 만나시기 바랍니다."

자료를 훑어보니, 굉장한 내용이었다.

장한나 양은 1982년생이다. 11살 때 미국 줄리아드 대학 준비과정에 특별 장학생으로 뽑혀 유학생활을 시작했다. 음악은 3살 때 피아노, 6살 때 첼로로 바꾸었다. 앞에서 소개한 천재 소녀 김 양의 경우처럼 장한나 양의 모친도 작곡과 출신이다.

첼로를 배운 지 4년 만인 10살 때, '월간 음악 콩쿠르'에서 1등을 차지했다.

미국 줄리아드에 간 이듬해인 12살 나이 때인 1994년, 파리에서 열린 '제5회 로스트로포비치 첼로 콩쿠르'에서 최우수상 연주자로 뽑혔다. 지금은 세상을 떠난 첼로의 전설 '로스트로포비치'는 장한나 양의 연주를 보고 '첼로가 걸어 나오는 줄 알았다'고 말했다고 한다. 이때부터 장한나 양은 세계를 향한다.

최우수상을 받은 다음 날인 그날, 그 시간으로 돌아가 보자.

《우먼 센스》가 전해 준 주소를 들고 호텔로 찾아갔다. 이른 아침시간이었다. 장한나 양과 어머니가 호텔 식당에서 아침식사를 하고 있었다. 인사를 나누고 마주 앉았다. 첫인상이 매우 독특했다. 우선, 12살 소녀라는 나이가 전혀 믿겨지지 않았다. 어른스러웠다. 성숙한 숙녀의 분위기였다. 거기다 더 보태서 태평스럽기까지 했다. 취재를 위한 인터뷰를 시작했다.

"축하합니다."

어머니가 말했다.

"저희 아이는, 그냥 담담하대요."

사실 그랬다. 장한나 양은 어제의 최우수상 수상이 마치 남의 일인 것처럼 태연했다. 매사에 초연하다고나 할까. 나로서는 난생 처음의 경험이었다.

말하는 것부터 행동 하나하나가 다 거침없고, 자연스러웠다. 이런 소녀의 나이가 12살이라고 아무리 소개한들 그 누가 믿을 수 있을까, 싶었다.

음악생활에 대해서는 어머니가 더 자세한 설명을 해 주었다.

"한나한테는 제가 무엇을 해라 마라, 말한 적이 없습니다. 자기가 알아서 계획 짜고, 실천했어요. 제가 이 아이의 엄마이면서도, 놀랄 때가 많습니다. 예를 들어, 콩쿠르 무대 위에서 전혀 떨지 않습니다. 연습할 때보다 더 편하게 연주하니 말입니다."

줄리아드에 진학하게 된 에피소드가 흥미롭다. 장한나 양 어머니의 설명이다.

"줄리아드 교장 선생님이 한국에 오셨어요. 제가 우리 한나 연주를 담은 녹음테이프를 가지고 찾아갔죠. 이 테이프를 듣고 나서, 교장 선생님이 말했습니다. 특별 장학금, 항공권을 학교가 부담하겠다고요. 그래서 미국에 가게 되었습니다."

어머니의 용기가 장한나 양의 미래를 열어 준 셈이다.

"맨날 노는 것 같은데, 무대에만 올라가면 펄펄- 날아요. 알다가도 모를 일입니다."

어머니의 설명에 12살의 장한나 양의 반응이 또 별나다. 곁에 앉아 하하하하- 호탕한 웃음을 지을 뿐이었다. 배짱이 두둑하다 해야 할지, 또는 무관심하다 할지 헷갈렸다. 어쨌거나, 방년 12세의 소녀의 행동으로는 상상할 수 없는 태도였다. 처음부터 끝까지 유유자적했다. 천재란 다 이런 것일까? 어떻게 저렇게 자연스러울 수 있는 것인지, 믿을 수 없었다.

수백 명의 경쟁자를 물리치고 세계적인 콩쿠르에서 최우수상을 차지한 것이 바로 어제다. 그런 흔적을 어디에서도 찾아볼 수 없었다.

보통 사람이었다면, 어제 콩쿠르 내내 긴장에 긴장을 하였을 터이다. 다음 날인 오늘에는 정신적으로 육체적으로 녹초가 된 상태가 마땅하다. 그런데, 장한나 양은 언제 그런 일이 있었더냐는 표정이었다. 귀엽기도 하고, 놀랍기도 하고, 마음속으로 혀를 찼다.

하루 전의 콩쿠르에 대한 어머니의 설명이 이어진다.

"전 세계에서 내로라하는 첼리스트가 다 모였는데 말입니다. 30대 나이로부터 보통 20대 연주자들이 많더군요. 그런 사람들에 비하자면, 우리 한나는 갓난아이 수준이죠. 상상해 보세요. 조마조마하고 떨려서 저는 차마 한나가 연주하는 모습을 볼 수가 없었습니다. 그런데 한나는 태연하더라고요."

이만하면 《우먼 센스》에 써야 할 내용을 다 취재했다고 생각했다. 내가 한나 양에게 물었다.

매운 한식 즐기던 장한나 양

"아저씨가 한나 양에게 축하 선물을 하고 싶은데, 무엇으로 할까요?"

기다렸다는 듯 대답이 돌아왔다.

"매운 게 먹고 싶거든요? 돼지고기볶음이나 낙지볶음, 오징어볶음 같은 거요."

의외의 주문이었다. 내가 말했다.

"허- 매운 음식이 잡수시고 싶으시다. 바람같이 날아가서 '매운 선물'을 갖고 오겠습니다."

2시간 후, 한나 양한테 그가 원하는 메뉴를 전달했다. 매운 돼지고기볶음, 오징어볶음이다.

한 달 후, 뉴욕에서 한 통의 편지가 날아왔다. 장한나 양의 아버지였다. 장장 두 페이지에 이르는 분량이다. 파리에서의 매운 음식에 대한 감사와 덕담이 담긴 내용이었다. 그런데, 이 편지의 글씨체가 유별났다.

한석봉 어머니가 쓴 것처럼 꼼꼼하고 아름다운 손 글씨체였다. 악필이라고 하면 고(故) 최인호 작가가 생전에 유명했는데, 나 또한 신문사 생활에서 악필로 그 뒤를 따랐다. 그런 내가 세종대왕님이 쓰신 것처럼 반듯반듯한 장한나 양 아버지의 글씨체를 대하니 존경스러웠다.

'어떻게 이토록 정성 들인 글씨와 편지를 쓸 수 있을까?'

놀랐다. 나 또한 감사의 마음이 담긴 답장을 보냈는데, 상대방의 정성에 100분의 1이라도 따라가 보자고 나 딴에는 매우 공들여 썼다. 반듯 글씨체의 챔피언에 해당할 장한나 양의 아버지가 나의 추사체 성향의 글씨를 보고 어떻게 생각하셨을까, 궁금하다.

편지에서 장한나 양의 아버지는 대강 이렇게 자신을 소개했다.

"한나를 뒷바라지하기 위해서 다니던 회사를 사직하고 뉴욕으로 왔습니다."

장한나 양의 뒤에는 한석봉 어머니와 같은 어머니와 아버지가 있었다. 장 양의 아버지는 한국에서 좋은 외국계 직장에 다녔다. 그러나 딸을 뒷바라지하기 위하여 뉴욕 KOTRA 현지 직원이 되었다. 한국에서의 높은 대우를 포기하고, 월봉 800달러의 박봉을 택한 것이다. 자식을 위한 선택이고, 희생이다.

장 양의 어머니 표현처럼 '학교 공부를 따로 하지 않고 맨날 노는 것' 같았다는데, 장 양은 하버드 철학과에 진학했었다.

'12살 소녀 첼리스트 장한나 양'이 이제 '37살의 지휘자 장한나 씨'가 되었다. 또 어떤 음악적인 도전을 하며 미래를 살아갈지, 기대가 크다.

이야기 9

연극하는 사람

1. 연출가 손진책 님

—

"못한 것이 아니고, '**안 한 것**' 아닐까요?"

손진책 씨가 나에게 말했다. 번개를 맞은 기분이었다.

'아!'

심한 부끄러움을 느꼈다. 이 한마디는 오랜 시간을 두고 내 가슴을 때렸다.

2018년, 손 형과 세 차례 만날 수 있었다. 서울, 런던, 파리에서다. 서울에서는 국립극장에서의 마당놀이 〈심청전〉 공연 때 잠깐, 런던에서는 점심식사를 같이 했다. 파리에서는 저녁식사였기 때문에 좀 더 느긋하게 시간을 가질 수 있었다.

런던에서이다. 두 사람 다 런던에 체류하고 있어, 이메일에 이어 전화를 했다. 내가 물었다.

"어디서 만나죠? 저는 런던을 잘 몰라서 말입니다."

손진책 씨가 말했다.

"'피카딜리' 광장 한가운데 동상 앞에서 만나요."

"아, 그러면 되겠네요."

피카딜리 광장은 여전했다. 점심시간인데도 행인들을 상대로 하는 재주꾼 여럿이 짧은 공연을 하고 있거나, 다음 공연을 위하여 쉬고 있었다. 내가 도착했을 때는 젊은이 세 명이 '하드 록' 연주를 막 끝내고 있었다. 동상을 한 바퀴 돌고 났을 때, 손 형이 나타났다.

"오랜만입니다."

"여전하십니다."

덕담을 끝낸 뒤, 서로의 핸드폰을 꺼내 기념사진을 찍었다.

"더 나이 들기 전에 추억으로 남겨 둡시다."

두 사람 사진은 행인에게 부탁하였다. 손 형이 말했다.

"제가 잘 아는 단골 중국 식당으로 안내합니다."

"단골 식당?"

"30대 나이 때, 제가 영국에서 열 달 동안 연극 연수를 하는 기회가 있었지 않습니까. 그때 단골로 가던 중국 식당이 있어요."

중국 가게들이 즐비한 거리를 거쳐 식당에 도착했다.

"음식은 제가 알아서 주문하겠습니다."

"좋습니다."

오리 요리 전문집이었는데, 식당 크기가 대단하였다. 음식 또한 일품이어서, 오리고기에 포도주를 곁들여 음미하며 옛날이야기를 나누었다.

"셰익스피어 극단 연수 때, 런던에서 연극을 무척 많이 볼 수 있었습니다. 젊은 나이 때의 저로서는 물을 만난 물고기 같았지요. 행복했습니다."

"부럽습니다. 본인이 좋아하는 연극으로 평생을 보내셨으니 말입니다. 연극을 통하여 많은 사람들에게 즐거운 순간을 제공하신 것 또한 행복하실 일입니다. 손 형에 비하자면, 저는 한(恨)스러운 일이 있습니다."

"뭐죠?"

"이런저런 사정으로 글을 계속해서 못 썼습니다. 운명인지 또는 글과 인연이 없었던 것인지."

손진책 씨가 말했다.

"신 형은 못한 것이 아니라, '안 한 것'이 아닐까요?"

감탄했다. 어떻게 이렇게 객관적이고 족집게 같은 진단을 할 수 있을까. 평생 연극을 연출한 경험이 쌓여서일까? 감사하고, 부끄러웠다.

우리들의 인연은 20대에 시작하여 70대 나이까지 이어졌다. 손진책 씨를 처음 만난 것이 1975년이다. 그해 동아일보 신춘문예에서 희곡 〈불구경〉이 '당선작 없는 가작'에 뽑혔다. 만취한 밤, 새벽에 깨어 4시간 동안에 휘갈겨 쓴 200자 원고지 80장짜리 희곡이니, 가작도 감사할 일이었다.

발표가 난 지, 며칠 후, 극단 '민예'의 '허규' 씨로부터 연락이 왔다.

"공연해 봅시다."

신춘문예 가작 희곡을 극단 민예의 허규 씨가 공연하여 주신다니, 황송할 일이었다. 허규 씨가 말했다.

"신춘문예 희곡은 짧아 공연시간이 1시간 밖에 안 돼요. 2시간 공연은 되어야 하니, 하나 더 써 보십시다."

며칠 후, 두 번째 작품 〈당신을 찾습니다〉를 전해 드렸다.

공연 준비는 일사천리로 진행되었다. 아현동의 한 여관에서 합숙을 하며 매우 많은 막걸리를 마셨던 기억이 어제 같다. 드디어, 극단 민예의 아현동 소극장에서 공연을 시작했다. 결과는 대성공이었다.

열흘의 공연 기간 동안 발 디딜 틈이 없었다. 출연진도 쟁쟁했다. '이호재' 씨, 희곡작가 '차범석' 님의 따님 등이 출연했다. 그 후에 이 극에 출연했던 분들이 한국을 대표하는 연기자로 등장하는데, 큰 기쁨을 느꼈다. 신춘문예 가작 희곡작가로서는 분에 겨운 호강을 누렸다. 연출은 두 분이 나누어서 했다.

- 〈불구경〉: 허규 씨
- 〈당신을 찾습니다〉: 손진책 씨

손진책 씨는 나와 동년배이기도 하다. 연극을 인연으로 만나 평생 우정을 가졌다.

'1975 동아일보 희곡 가작' 이후, 두 개의 신춘문예에서 당선작으로 뽑혔다.

- 〈우물 안 개구리〉: 77년 조선일보 당선
- 〈우리 좋은 날〉: 88년 동아일보 75년 가작에 이은 당선

나는 평생 딱 네 개의 희곡을 썼고, 이 중 세 개의 희곡을 손진책 씨가 무대에 올려 주었다. 손진책 씨는 1년에 한 번씩은 꼭 유럽을 방문했다. 프랑스, 영국, 아일랜드 등에서 열리는 연극제 참석을 위해서였다. 그의

유럽 방문 때마다, 파리에서 만날 수 있었다.

추억이 많다.

> - 대학로 앞 '미추 극단' 방문
>
> - 장호원의 '미추 마당놀이 극장' 상량식 참석
>
> - 부인 김성녀 님과 마당놀이 공연 동행
>
> - 런던에 유학 중이던 따님의 파리 방문 때 상면 (영국 〈미스 사이공〉 공연 팀의 연기자로 유럽 공연 출연 경력)

어느 날, 손진책 씨가 말했다.

"셰익스피어 극단 연수 때, 깨달았죠. '가장 한국적인 연극이 가장 세계적인 연극이다!'라고."

손진책 씨의 연극에 대한 열정에 나는 두 손 두 발 다 들었다. 파리에서 만날 때마다 그의 손에 이끌려 연극을 관람해야 했다. 거의 반강제적이었다. 호텔 일하는 사람이 연극 보러 가는 시간 내기란 쉬운 일이 아니다.

우선, 파리에서 연극 관람을 위해서 절차가 복잡하다. 표를 미리 예약하거나, 또는 줄서서 극장에서 표를 사야 하고, 연극이 시작되기를 기다려야 하고, 관람 후에는 저녁식사와 함께 한잔하여야 하고. 이 과정이 행복한 것은 당연하다.

그러나 시간이 너무 오래 걸린다. 최소한 대여섯 시간이 기본이다. 자영업을 하는 사람으로서는 쉬운 일이 아니다.

또 관람시간 중에는 핸드폰을 꺼야 한다. 호텔에서는 시시각각으로 여러 가지 상황이 끊임없이 발생한다. 핸드폰 차단 때는 대단한 용기가 필요하다. 만일 비상상황 때 연락이 안 되면 치명적이다. 자영 숙박업자는 무한 책임이다.

더구나 근무자 모두가 유학생 신분이니, 더하다. 주인으로서 자리를 뜨는 것이 쉽지 않은 이유이다. 그렇다고 또 손진책 씨의 동행 요청을 거절할 수도 없었다.

어느 여름날, 물랭호텔에 막 도착한 손진책 씨가 말했다.

"꼭 보아야 할 연극이 있으니, 함께 가십시다."

"아, 예…. (우물쭈물.)"

"오랜 세월을 두고 꼭 제가 보고 싶어 했던 연극입니다. 이런 기회를 파리에서 만날 수 있을 줄이야."

기대감에 들뜬 그의 표정이었다.

"30분 후가 공연 시작입니다. 당장 떠납시다!"

웬만하면 사양할 터이지만, 그 표정에 감동되어 동행했다. 관람할 연극에 대해서 아무 것도 모르는 채 따라간 것이다. 공연장은 에펠탑이 마주 보이는 '트로카데로' 분수대 앞 극장이었다. 입장하자마자, 불이 꺼지고 공연이 시작되었다.

'어?'

막 시작된 공연의 언어를 전혀 이해할 수 없었다. 영어도 아니고, 프랑스어도 아니고, 러시아어 비슷하다는 인상은 받았다. 나중에 알게 되지만, 무대 위 연기자들의 언어는 폴란드어였다. 그러니까, 내 입장에서는 제목도 모르고, 내용도 모르고, 이 연극에 대해서 아무 것도 모르는 채, 그냥 극장 좌석에 깜깜이로 앉아 있어야 했다.

난감했다.

'아, 하품깨나 하게 되었구나!'

한마디 대사조차 이해할 수 없는 연극이라는 핑계로 삐꺽- 문소리 내며 밖으로 나갈 수도 없는 난처한 상황이었다.

그러나 5분인가, 10분 후부터 상황이 바뀌기 시작했다. 연극의 내용이 서서히 이해되기 시작한 것이다.

놀라운 반전이었다.

연극이 언제 끝나나 노심초사한 나 자신이 서서히 연극 속으로 빨려 들어갔다. 신기했다.

'아, 요게 바로 연극의 진미로구나.'

연극의 주인공은 종횡무진 무대 위를 거닐었다. 마치 무대 위가 아니라 자기 집 안방인 것처럼 연기했다. 그는 내레이터이며, 주연자이고, 조연자이고, 무대 위 소품이기도 했다. 이 세상에 태어나서 처음 보는 연극이었다. 자신이 쓰고, 또 자신이 연출하는 연극으로 이해했다.

희한하고 특이하기는 이 연극이 주는 메시지가 더했다. 대사를 알아들을 수 없고, 그러니 이해할 수 없는 내용인데도, 가슴으로 와닿는 진정성을 느꼈다.

'햐, 이런 연극도 있구나!'

장장 2시간의 연극이 끝났다. 우레와 같은 박수가 쏟아졌음은 물론이고, 나 또한 손바닥이 빨개질 정도로 손뼉을 쳤다. 관객들의 30분에 가깝게 반복되는 박수 세례가 끝난 후, 극장을 나섰다. 내가 말했다.

"제가 한잔 삽니다. 굉장한 연극입니다. 너무 감사합니다. 갑시다!"

"마음에 드셨다니 다행입니다."

"연극의 힘이란 정말 굉장하군요. 세상에 나와서 처음 경험하는 감동의 시간이었습니다."

우리들은 '몽파르나스'로 갔다.

한여름이었으므로, 그럴싸한 식당에 가서 거리에 내놓은 테라스에 앉아 식사하고 포도주를 마셨다. 대화 주제는 방금 관람한 연극이었다. 내가 물었다.

"도대체 어떤 극단인가요? 대단합니다."

"폴란드 유태인으로 세계 연극계에서는 전설적인 연극인입니다. '칸토르(Kantor)' 극단은 이분의 이름을 그대로 땄는데, 폴란드에서는 연극계의 국부적인 위치이고, 세계 연극 무대에서도 독보적인 위치에 있는 분이지요."

"아, 그렇군요."

감탄에 이어 연극의 내용에 대해서 질문했다.

"대사 한마디도 이해 못했지만, 저는 연극 내용을 인간의 삶과 죽음을 의미하는 것이 아닌가, 생각했습니다만."

"맞습니다. 인간의 죽음이 주제입니다."

희곡으로, 연극으로, 단 2시간의 공연 속에서 인간의 삶과 죽음을 표현한다? 또는 표현할 수 있다? 연극은 위대하다!

이로부터 십수 년이 지난 후이다.

연극을 전공한 한 유학생 출신의 연극인과 함께 일했다. 프랑스 '스트라스부르그(Strassbourg)' 대학 연극 석사를 거쳐, 지금은 프랑스에서 연기와 연출을 겸한 활동을 하는 특이한 경력을 가진 최규석 씨다. 일하면서 연극과 관련한 대화를 나눌 수 있어 행복했다. 어느날, 칸토르 극단에 대해서 대화했다. 그가 말했다.

"칸토르 씨는 몇 년 전에 돌아가셨는데요."

"아, 그래요?"

최규석 씨는 연극인 칸토와 그 극단에 대한 자세한 설명과 함께 그의 희곡과 연극론이 담긴 책을 나에게 선물했다. 이 책을 읽으며 칸토르 씨가 희곡, 연기, 연출 등 전천후 연극인이라는 것을 확인할 수 있었다.

폴란드 연극인이지만, 생전의 영역은 세계를 넘나들고 있었다. 프랑스, 미국에서의 활동이 두드러져 보였다. 연극을 위하여 태어나서, 연극을 연극하다가, 이 세상을 떠난 칸토르 씨. 20세기의 '큰 연극인'으로 이해했다.

손진책 씨 또한 평생 연극을 하는 한국의 대표적인 큰 연극인이다. 특히, 일본, 중국에서 초청 받아 그 나라 국립극단을 연출했다.

부인 김성녀 씨 또한 한국에서 독보적인 존재이다. 국립 창극단 음악감독을 오래 맡았다. 따님과 아드님 또한 연극관계 일을 하고 있다.

온 식구가 연극 가족인 것이 아름답다.

2. 고도를 기다리며-임영웅 님

1977년, 조선일보 신춘문예에 〈우물 안 개구리〉가 당선되었다.

사우디아라비아에서 한국 건설회사 주재원으로 일할 때였다. 회사에서 보너스로 세계일주 항공권을 주었다. 그러나 첫 번째 방문지인 파리에서 이 여행을 포기했다. 대신, 서울로 들어갔다.

연출가 임영웅 님을 찾아뵙고 인사드렸다. 거리를 걸으면서 나눈 대화가 지금까지 내 가슴속에 남아 있다. 임영웅 님이 말했다.

"친구 중에 글재주가 많은 한 사람이 있었어요. 촉망되는 연극인이었지요. 그러나 너무 바쁘게 사느라, 연극계에서는 사라졌습니다."

의미심장한 교훈으로 이해했다. 내가 말했다.

"열심히 쓰겠습니다."

그러나 이 약속을 지키지 못하였다. 이후 나는 사우디에서 파리로 건너갔고, 회사 일에 바빴다. 그러다 5공 때 회사는 공중 분해되었고, 10년 동안 한국에 들어가지 않거나, 들어갈 수 없었다. 그 와중에 먹고 살기 위해서 아내와 식당 일을 했다. 아내가 주방으로 들어갔고, 나는 주방에서 접시 닦기를 하고 때때로 식사 주문을 받았다.

1988년, 〈우리 좋은 날〉이 동아일보 신춘문예 당선작에 뽑혔다. 1975년 가작에 이은 1988년 당선이니, 13년만이다.

그 다음 해, 임영웅 님이 프랑스 '아비뇽 연극제'에 〈고도를 기다리며〉 공연을 위하여 공연 팀과 함께 파리에 들렀다. 저녁식사 자리에서 내가 말했다.

"11년 전, 걱정 많이 해 주셔서 감사했습니다. 희곡을 하나 더 써서 신춘문예에 당선되어 약속을 지키게 된 것이 가장 기쁩니다. 더 열심히 쓰겠습니다."

그러나 나는 '더 열심히 쓰지' 못했다.

식당을 처분한 뒤, 물랭호텔 일을 하게 되었다. 글 쓰는 일과 더 멀어졌다. 호텔을 하면 글 쓰는 시간이 많아지리라고 기대했지만, 착오였다. 식당 때보다도 더 일 더미에 묻혀 아등바등— 하루하루를 살았다. 생존과의 전쟁이었다. 글쓰기로 말하자면, 식당 할 때가 더 나았었던 것 같다.

결과적으로, 1977년 임영웅 님의 예언이 맞았다. '(희곡) 작가가 될 수도 있었지만, (산만하게 사느라) 못했다.'

임영웅 님에게 죄를 지은 기분이다.

자, 이제 임영웅 님의 〈고도를 기다리며〉 파리 공연에 관한 추억이다.

1989년, 아비뇽 공연을 마친 후 귀국길의 임영웅 님에게 파리 교민을 위한 공연을 부탁드렸다. 파리 '대학 기숙촌'인 '씨데 유니베르씨떼' 극장을 빌릴 수 있었다.

이 공연이 성공할 수 있도록 매우 힘을 쏟았다. 많은 교민들이 관람할 수 있기도 바랐다. 뚜껑을 여니, 대성공이었다. 무려 300명 교민들이 대성황을 이루었다.

때가 여름이었다. 관람하면서 땀을 꽤 흘려야 했다. 그런데도 교민들은 꿈쩍- 않고 끝까지 재미나게 연극을 보았다. 막이 내렸을 때, 우레와 같은 박수가 끊이질 않았다. 보람을 느꼈다. 아름다운 추억의 한 페이지이다.

그 다음 해이던가, 서울 방문길에 홍대 앞 '극단 산울림'을 방문했다. 극단 카페에서 한 잔 맥주를 마시고 나니, 임영웅 님이 말했다.

"갑시다!"

"?"

임영웅 님의 차에 올라 조선호텔 한식당에 갔다. 파리 〈고도를 기다리며〉 공연 때 애썼으니, 근사한 식사에 초대해 주신 것으로 이해했다. 감사했다.

그로부터 10여 년간 물랭호텔 시절, 임영웅 님을 자주 뵐 수 있었다. 아드님이 역시나 〈고도를 기다리며〉의 작가 '사무엘 베케트'로 박사 논문을 쓰고 있었기 때문이다. 해마다 여름방학 때, 부부동반으로 아드님이 공부하는 파리를 방문하며 물랭호텔을 찾아 주셨다. 몽마르트르를 함께 거닐던 날들이 추억이다.

극단 산울림은 아드님과 따님이 참여하는 2세 운영 체제가 되었다고 한다. 다음 한국 방문 때, 극단 산울림에 가서 연극을 관람하여야 할 또 다른 이유가 생긴 셈이다.

2019년은 극단 산울림의 '창단 50주년의 해'라고도 한다. 축하드린다.

이야기 10

노래하는 사람

1. 서유석 씨와의 맷돌 모험

―

1971년, 서유석 씨를 처음 만났다. 어느 날, 그가 말했다.

"우리 통기타 노래하는 사람들도 국립극장(명동) 무대에 올라가서 공연해 볼 수 있을까요?"

매우 한이 맺힌 목소리로 들렸다. 내가 말했다.

"제가 힘은 없지만, 한번 노력해 봅시다."

이 희망을 가능케 해 준 분이 연출가 임영웅 씨다.

여러분은 매우 의아할 것이다. 한국에서 대표적인 정통 연극 연출가인

분이 젊은 통기타 가수들을 위한 연출을 해 주었다니. 그것도 어제 오늘의 일이 아니라 반세기 전의 일이니 더 그렇다. 임영웅 님이 모세의 기적을 일으켜 주신 분이다. 때문에 나는 지금도 임영웅 님에게 더 깊은 존경심과 고마움을 영원히 간직하고 있다.

1972년 추석날, 국립극장에서 통기타, 국악, 관현악, 3박자 음악회를 가졌다. 금수현 오케스트라, 국립 국악원 그리고 6명의 통기타 젊은 세대가 국립극장 무대에 함께 섰다.

이 공연 현장녹음 음반이 '맷돌'이다. 구글을 검색해 보니, 그 흔적을 찾을 수 있어 반가웠다.

그 시대를 보자.

비극적인 월남 전쟁이 끝나가고 있었다. 한국에서는 유신시대가 시작된다. '비틀즈(The Beatles)'가 있었고, '밥 딜런(Bob Dylan)'이 있었다. 이 사람들이 부른 노래들이 전 세계를 흔들었다. 젊은 세대에게는 더했다. 특히 비틀즈는 세상을 뒤집었다. 〈예스터데이〉가 압권이었다. '폴 매카트니(Paul McCartney)'가 작곡하고 노래한 이 곡은 기타와 첼로가 함께하는 연주를 배경으로 한 특이한 곡이다.

'앗, 전기 기타와 첼로의 조합이라니!'

기가 막힌 혁명적 발상이라고 나는 생각했다.

'우리 통기타 가수들도 클래식 오케스트라로 반주하는 노래를 부른다면

얼마나 더 멋질 수 있을까.'

이런 생각을 하던 중에 서유석 씨를 만난 것이다.

선배기자 김 차장이 서유석 씨를 만나게 다리를 놓아 주었다. 좀 더 자세히 설명하자면, 김 선배 부인의 소개였다. 김 선배 부인이 양희은 씨와 경기여고 선배로 두 사람이 친형제처럼 지냈다. 양희은 씨가 서강대 1학년 때다.

그때, 양희은 씨는 블루진에 운동화를 신고 소년 같은 모습으로 기타를 들고 다녔다. 김민기 씨가 작곡한 〈아침이슬〉이 양희은 씨가 노래 불러서 막 음반이 나왔을 때이다. 김 선배의 소개로 양희은 씨를 만났고, 이어 서유석 씨로 이어졌다.

그는 통기타 가수들 중에 연장자여서 큰형님 노릇을 했다. 대학생 때 핸드볼선수 생활을 거쳐서인지 서유석 씨는 리더십이 남달랐다.

우리나라에서 '통기타 대학생 가수'들의 역사는 '세시봉', 'YMCA', '청개구리'가 시초로 기록되어 있다. 이 프로그램들은 1971년에 다 사라졌다. 이 공백 상황에서 서유석 씨의 맷돌 프로그램이 등장한 것이다.

그때, 명동에서 한 백화점이 문을 열었다. 이 백화점은 젊은 층 고객을 유치하기 위한 아이디어를 냈다. 통기타 가수들에게 노래할 수 있는 장소를 제공한 것이다.

이 백화점의 마케팅 책임자가 김 선배의 친구였다. 서유석 씨의 희망과

명동 백화점의 의도가 맞아 떨어져서 맷돌 프로그램 장소 마련이 해결되었다. 맷돌이라는 이름을 지은 사람이 서유석 씨이다. 그가 말했다.

"맷돌, 어때요?"

내가 동의했다.

"좋네요. 한국적 정취가 꽉- 찼습니다."

그로부터 일주일에 한 번씩 맷돌이 진행되었다. 뽀빠이 이상용 씨, 전유성 씨를 이곳에서 처음 만났다. 맷돌은 성공했다. 이를 뒷심으로 서유석 씨가 '우리 통기타 가수들도 국립극장 무대에 서서 노래를 부를 수 있었으면 얼마나 좋겠습니까'라고 말한 것이다.

이 뜻을 전하니, 연극 담당기자 공 선배가 임영웅 씨에게 부탁하여 주었다. 젊은 통기타 가수들이 국립극장 무대에 설 수 있었던 배경이다.

그해 추석날 저녁의 국립극장, 서유석, 김민기, 송창식, 백순진(듀엣 4월과 5월), 어니언스, 이장희 등 6명이 무대에 섰다. 이날 노래 중에서 백순진 씨의 〈딩동댕 지난여름〉은 가야금과 기타를 섞은 반주였다. 멋진 곡이었다.

> '딩동댕, 지난여름 바닷가서 만났던 여인
>
> 딩동댕, 하고픈 이야기는 많았지만
>
> 딩동댕, 너무나 짧았던 그대와의 밤
>
> 딩동댕, 딩동댕 말이나 해 볼걸…(중략).'

이 가사는 그때 우리가 모시고 일하던 시인 임 부국장의 시를 옮긴 것이다. 이 노래를 백순진 씨가 작곡하여 국립극장에서 가야금과 기타를 반주로 처음 노래했다. 이후 다시 송창식 씨가 노래하여 유명하여졌다는 이야기를 나중에 파리에서 들었다.

70년대 초에 만났던 통기타 가수들 중에서는 백순진 씨와 가장 오래, 가장 깊이 사귀었다. 그는 지금 부친이 하시던 사업을 이어받았다. 미국지사 근무를 거쳐 현재는 한국에서 최고 경영자로 일한다. 가족 모두가 몇 차례 파리를 방문하여 즐거운 시간을 여러 차례 가졌다. 그의 사업이 더 번창하기를 바란다.

흥미로운 추억이 있다. 그때 막 젊은 지휘자로 작은 규모의 오케스트라를 이끌던 금난새 씨가 맷돌 프로그램의 국립극장 공연에 참여하는 데는 찬성했다.

그러나 조건이 붙었다. 클래식 음악이 통기타 가수와 나란히 같은 무대에 서는 공연은 할 수 없다는 완곡한 거절이었다. 그래서 클래식과 통기타의 연주는 무산되었다.

다행히 국악하시는 분들은 수락해 주었다. 가야금과 기타의 협주곡 〈딩동댕 지난여름〉이 탄생할 수 있어 행복했다.

맷돌의 국립극장 공연은 관객 동원 면에서는 기대치를 밑돌았다. 그동안 백화점에서의 정기모임이 성공적이었기 때문에 많은 젊은이들이 올 것으로 예상했는데, 결과는 달랐다. 기대에 못 미쳤다.

만일 똑같은 공연을 오늘 할 수 있다면, 아마도 암표가 나올 정도로 많은 사람이 찾아올 것이다. BTS 수준은 아니라 하더라도, 그에 버금갈 정도로 왕년의 올드팬들이 몰려올 것이다. 돌이켜 보자면, 서유석 씨나 나나 모두 너무 시대를 앞서가는 실수를 한 것이다.

공연이 끝났을 때, 임영웅 씨가 말했다.

"공연이라는 것이 원래 그런 겁니다. 실망하지 마세요."

이 한마디 위로에 눈물이 났다. 이때 진 신세를 평생 갚아야 한다고 다짐했다. 이후, 이 은혜를 갚아 드리려고 노력했다.

공연 뒤처리를 마친 후, 서유석 씨가 말했다.

"제가 잘 아는 카페가 있으니, 거기 가서 한잔합시다."

서강대 앞 카페였던 것으로 기억한다. 둘이서 맥주를 끊임없이 마셨다. 그때 서유석 씨가 맥주 병마개를 맨손으로 척척- 따는 신기한 재주를 보았다.

그로부터 10년 후, 한국 출장길에서다. 파리 주재원으로 일할 때였다. 한 호텔 로비에서 우연히 서유석 씨를 만났다.

"어, 신 형. 그동안 어디 가 있었어요?"

자정이 훨씬 넘은 시간이었다. 나는 본사 회의에 참석하러 귀국한 자리였고, 서유석 씨는 늦은 밤 방송을 마치고 호텔 신세를 지는 것으로 이해했다. 밤이 깊었고, 두 사람 다 꽤 술을 마신 상태여서 더 대화를 나눌 수 없었다. 다음 날, 나는 파리로 귀환하는 일정이었다.

후에 서유석 씨가 나이 든 사람들의 감정을 섞은 〈너 늙어 봤나, 나 젊어 봤다〉라는 노래를 불렀다고 해서 마음속으로 미소 지었다.

"서유석 씨, 더 늙기 전에 한번 봅시다!"

2. 〈아침이슬〉 김민기 씨와 열흘

김민기 씨와 파리에서 재회했다.

몇 년 전 일이다. 물랭호텔 한 지붕 밑에서 열흘 동안 함께 지냈다. 그는 낮 시간에는 외출하여 일을 보았고, 저녁에 돌아오면 나와 함께 호텔 앞 카페에 가서 포도주를 나누어 마셨다.

술이 세기는 서울대 미대 1학년 때와 똑같았다. 얼큰히 취한 어느 날 밤이다. 달이 밝았다. 몽마르트르에서 만나는 달과 달빛은 한국과는 비교할 수 없지만, 나름대로 정취가 있다. 그가 말했다. 몽마르트르 달빛이 그의 추억을 꺼내 준 셈이다.

"밤바다에 노 젓는 작은 배를 타고 나가 술을 마신 적이 있었어요. 달이 휘영청했죠. 바다가 잔잔했어요. 바람 한 점 불지 않는 밤이었으니까요.

거나하게 취해서 달빛이 창창한 바다를 보자니, 마치 얼음장이 깔린 것처럼 보였습니다. 배에서 뛰쳐나와 그 위를 걷고 싶은 마음에 울컥- 했습니다."

한 편의 산문시를 듣는 기분이었다.

아닌 게 아니라, 김민기 씨는 시인이다.

그의 노랫말들은 산문시에 가깝다.

김민기 씨를 처음 만난 것이 1971년이다. 명동의 한 카페의 2층에서였다. 〈아침이슬〉을 막 내놓은 시기였으니, 지금처럼 이 노래가 전설이 되기 전이다.

그때 이 카페에 후에 통기타 가수로 이름을 날리게 될 많은 젊은이들이 드나들었다. 어니언스의 임창제 씨와 이수영 씨를 여기서 처음 만났다.

어느 날, 김민기 씨가 카페에서 기타를 연주했다.

셔츠를 걷어붙이고 기타를 뜯는데, 유난히 씩씩하여 보이는 팔뚝이 인상적이었다. 불콰한 얼굴로 한잔 마셔 가며 치는 클래식 기타 연주였다. 그 솜씨가 놀라웠다. 내가 들어본 기타리스트 중에 최고 실력이었다. 미대를 다니며 작곡, 작사에 이 정도의 기타 실력을 가졌으니, 천재적 예술가로 이해했다.

그 이후, 〈아침이슬〉이 금지곡이 되는 등 김민기 씨의 고난의 세월이 계속되었다. 이런 소식들을 파리에서 나는 신문기사를 통하여서만 접할 수 있었다. 걱정하고, 분해하고, 또 걱정했다.

얼마가 지나서, 오태석 씨와 함께 연극을 한다는 소식이 들렸다. 흥미로운 변화라고 생각했다. 후에 〈지하철 1호선〉으로 음악과 연결된 연극을 한다고 해서 더 관심이 갔다.

몽마르트르에서 다시 만남은, 명동 시절로부터 따지면 40여 년만이었다. 건강해 보였다. 파리에서 그는 프랑스 뮤지컬을 많이 보러 다닌다고 했다.

"아이들 연극에 저는 관심이 많아요. '학전' 이름으로 소극장이 두 개 있는데, 두 번째가 어린이 전용극장입니다. 여기서 공연할 수 있을 프랑스 뮤지컬을 고르고 있습니다."

이 중 한 개인지, 두 개의 작품에서 가능성을 보아 판권을 사기로 했다고 말했다. 내가 물었다.

"결혼은 하셨죠?"

"극장 운영하면서 만난 사람이 집사람입니다."

"축하드립니다. 학전 운영은 어때요?"

"연극극장 운영이란, 적자죠. 친구들이 많이 도와줍니다."

김민기 씨가 우리 물랭호텔에 묵는 동안, 당시 프랑스 문화원장 최준호 씨가 매일 찾아왔다. 최 씨는 성균관대 불문과를 나와 프랑스에서 연극학을 전공했다. 프랑스 연극계와 교류가 많아 아비뇽 연극제에 많은 한국 극단들이 참가하도록 도왔다.

이 최준호 씨의 대학 시절 때, 김민기 씨가 멘토였다는 것을 듣게 되었다. 두 사람은 호형호제할 정도로 가까웠다. 최 씨는 파리 유학생 때, 우리 일을 도와준 인연이 있어서 더 반가웠다.

떠나는 날, 김민기 씨는 평생 자신이 작곡한 노래들이 담긴 CD 한 묶음을 나에게 주었다.

귀중한 선물이어서, 가끔 듣는다.

이야기 11

그림 그리는 사람

내일의 화가-장광범 님

—

　이 책의 표지나 그림을 어떻게 할 것인지, 고민했다. 화가 장광범 씨가 물랭호텔 시절에 남겨 준 삽화와 그림으로 하면 어떨까, 생각했다. 그의 동의를 얻는 일이 중요했다.

　파리에 나간 길에 '우정식당'에서 식사하며 대화했다. 그는 막 워싱턴에서 그룹전을 마치고 돌아온 길이었다. 장광범 씨의 몇 년 전 삽화가 어떨지, 의논했다. 그가 말했다.

　"이럴 줄 알았으면 삽화를 좀 더 잘 그릴걸 그랬습니다."

　덕담이었다. 감사했다. 장광범 작가와는 10년을 같이 물랭호텔에서 일했다. 그는 프랑스 유학 초기에 '낭뜨'라는 중서부 도시에서 프랑스어 연수를 했다. 한국에 있을 때 만났던 입양아 출신의 프랑스인이 비어 있는 자기 집을 쓰라고 해서였다고 한다. 언어 연수를 마친 후, 파리에 도착하자마자 우리와 함께 일을 시작했다.

호텔 일의 시작은 밤일이다. 밤 근무 업무를 익히고 나서, 낮 근무자로 전환하는 식이다. 장광범 씨 또한 그런 과정을 거쳤다. 그는 파리 8대학 미대에 등록하고, 틈틈이 작품 작업을 했다. 어느 날, 내가 말했다.

"작품 한번 볼 수 있을까요?"

마다하는 것을 내가 강하게 말하여서 작품을 볼 수 있었다. 그림이 좋았다.

"작품이 좋습니다."

"더 열심히 해야죠."

미술에 나는 문외한이다. 그러나 마음에 드는 그림이 있고, 덜 그런 작품도 있고, 마음에 안 드는 그림도 있다. 그날부터 장광범 씨와 그의 작품에 대해서 대화를 나누었다. 그의 나이 30대 중반 때이다.

기억하건대, 그의 작품을 프랑스에서 눈여겨본 사람은 파리 8대학 미대 교수가 처음이다. 본인의 설명에 따르면, 이 교수님이 새로운 작품 기법에 대해서 많이 조언해 주었다고 한다.

아닌 게 아니라 장광범 씨의 작품은 독특하다. 우선 10번 정도 색칠을 한다. 그 다음, 두꺼워진 물감 위를 그라인더로 갈아서 작품을 만들어 나간다. 이미지가 깔끔하고, 담백했다. 색감이 세련되기도 했다.

이후, 파리 한국 문화원이 주관하는 '전시회 지원 프로그램'에 뽑혔다. 이것이 4년 전이다. 문화원 전시회에서 20점을 선보였는데, 많은 사람들이 관심을 가졌다.

몇 차례의 그룹전, 개인전을 거쳐서 한 유명 프랑스 갤러리로부터 초대전 제안을 받았다. 이 또한 평이 좋아서, 이 갤러리의 전속작가가 되었다. 파리 화단에서는 희귀한 경우이다. 그의 나이가 이제 40대 후반에 접어들고 있다. 이 화랑의 전속작가들의 평균 연령은 60~80대 나이의 원로작가님들이다.

그 사이, 내가 파리 교민지 《한 위클리》에 몇 년 동안 〈물랭지기의 추억〉이라는 제목의 컬럼을 연재할 때이다. 일주일에 한 번씩이었다. 어느 날, 내가 장광범 님에게 제안했다.

"제 글과 장 형의 삽화를 함께 싣는다면?"

"한번 해 보죠, 뭐."

장광범 씨는 파리에 유학 오기 전에 한국의 한 일간지에서 편집과 삽화를 한 경력을 가졌다. 나의 제안을 그는 흔쾌히 수락했다. 이후 1년 동안인가, 나의 글과 그의 삽화가 함께 실렸다.

삽화가 훌륭했다. 독자들에게 그림이 글보다 더 인기여서 연재를 그만두어야겠다고 내가 농담을 할 정도였다. 어느 날, 내가 말했다.

"작품에 전념하셔야 하니, 제가 미안해서라도 이제 삽화를 그만해 주셔도 되겠습니다."

두고두고 신세를 갚아야 한다고 생각했다. 호텔 일을 하는 데도 같았다. 그는 주인 의식이 분명한 근무자였다. 많은 도움을 받았다.

우리는 10여 명의 유학생 근무자와 두 명의 스리랑카 청소인이 함께 일했다. 유학생 근무자 중에서 장광범 씨가 가장 연장자였는데, 큰형님 노릇을 단단히 해 주었다.

근무 표를 짜다가 보면, 각자의 사정이 있어서 곤란한 상황이 가끔 또는 자주 벌어졌다. 이때, 문제를 해결하는 사람이 그였다. 복잡한 상황이 생겼을 때, 그가 나타나면 조용하게 해결되었다.

호텔 리셉션에서는 때때로 왈패 같은 성향을 가진 사람을 만나는 수가 있다. 그들은 대개 젊고, 여성을 동반한 채 도착하여 행패에 가까운 떼를 쓴다. 경험상으로 보자면, 알제리아 부모를 가진 2세들이 리셉션에서 언성을 높인 경우가 몇 번 있었다.

그날도 마찬가지였다. 외출했다 호텔에 돌아오니, 리셉션이 시끄러웠다. 밤 근무자와 고객으로 보이는 두 젊은 남녀가 논쟁을 벌이고 있었다. 그런데, 그들의 행동이 유별났다. 언행이 폭력 쪽에 가까웠다.

자초지종을 물었다. 들어보니, 상식에 어긋나는 억지 주장이었다. 며칠 전, 예약했는데 사전 통보 없이 '노 쇼'를 낸 경우였다. 그런데도 공짜 방을 달라는 생떼였다. 그 과정과 행태가 점잖았다면 내가 물러설 수도 있었다. 그러나 불량하고, 불쾌한 막가파였다. 내가 제안했다.

"경찰서에 가서 옳고 그름을 따져 봅시다."

의외로 왈패꾼 남녀가 동의했다. 택시를 불러 함께 떠나기로 했다. 그사이, 나는 관련 예약서류들을 찾아 복사했다. 드디어 택시가 왔다. 두 남녀와 내가 타고 떠나려는데, 장광범 씨가 쏜살같이 나타나서 앞자리에 서둘러 앉았다.

의외였다. 퇴근시간인데, 이 복잡한 사건에 경찰서 동행을 자원하다니. 호텔 운영의 최종 책임자인 나로서는 리셉션 근무자들을 보호하고 지원해야 할 당연한 의무가 있다. 왈패꾼과의 실랑이도 마찬가지다.

원칙을 지키려 노력하는 근무자의 보호가 나의 책임이다. 비상상황에 내가 앞장서야 하는 이유이다. 우리 리셉션 근무자들은 모두 다 유학생들이다. 나이도 나의 아들과 앞서거니 뒤서거니 하는 젊은이들이다. 모든 고통스러운 일 처리가 나에게서 끝나야 할 이유였다.

앞자리에 앉은 장광범 씨를 포함하여 모두 4명이 탄 택시가 경찰서에 도착했다. 테러 경보가 내려진 시기여서, 중무장한 경찰관이 우리가 전달하는 서류를 훑어보았다. 경찰관은 우리 편이었다.

젊은 왈패 커플에게 따끔한 충고와 함께 화해를 제안했다. 왈패 커플의 실망이 컸을 것이다. 아마도 이들은 경찰이 자기들 편에 서서 해결할 것을 기대했을 것이다. 김이 푹- 샌 왈패 커플이 투덜투덜- 불평을 하며 사라졌다.

피곤이 엄습했다. 와들와들- 떨리는 오한을 느꼈다. 자정이 넘은 시간이었다. 택시를 찾았지만, 외딴 골목인 데다 늦은 시간이어서 없었다. 지하철 정거장으로 가면서 물었다.

"아니, 왜 저를 따라 오셨어요? 갑자기."

"왈패가 외진 골목으로 끌고 가서 폭행을 하지나 않을까, 걱정했어요."

아, 그랬구나! 고마웠다. 포도주라도 한잔 마시려고 두리번거렸지만, 그마저 눈에 보이지 않았다. 각자 방향이 달라, 지하철역에서 헤어졌다.

혼자 호텔로 돌아오는데, 방금 벌어졌던 일들이 참담한 한편, 동행하여 준 그의 배려에 깊은 고마움을 느꼈다. 이 추억을 오래 간직했다.

화가 장광범 님의 더 큰 성공을 믿는다.

이야기 12

글 쓰는 사람

1. 시인 조병화 님
―

'조병화' 씨의 시를 처음 만난 것이 중학생 때인 1961년이다. 이 시인의 남다른 감성에 영향을 받아 문학에 대한 관심을 갖는 출발점이 되었다.

그로부터 25년 후인 80년대 중반에 조병화 씨를 처음 파리에서 만났다. 나의 중·고교 동창의 부친이 사업가 겸 시인이셨다. 그분이 조병화 씨의 서울 사대 동문이었다. 조병화 씨가 대학 선배이자 시단(詩壇) 대선배이므로, 사업가이자 후배 시인인 동창의 부친이 모시고 파리 여행에 나선 것이다.

그때, 동창의 부친이 나에게 연락하여 파리 시내 한 호텔로 찾아갔다.

호텔 방에 들어서는데, 조병화 씨가 막 샤워를 하고 나오는 중이었다. 우람찬 체격에 깜짝 놀랐다. 매우 섬세한 시와는 아주 다른 모습이었다. 학생 때, 럭비선수 생활을 했다는 이력 때문인지 모른다. 시나 시인의 이미지와 잘 매치되지 않는 모습에 내가 당황했다.

그로부터 몇 년 후, 물랭호텔 문을 연 직후다. 이 두 분이 다시 파리를 방문하여 물랭호텔에 예약했다. 그러나 나는 두 분을 뵙지 못했다. 왜냐하면 내가 죽네 사네 하며, 폐쇄병동에 입원해 있을 때였다.

이제 두 분 다 작고하셔서 마음이 무겁다.

2. 자상한 소설가 이호철 님

―

작가 '이호철' 님이 모스크바를 방문했다가 귀국하는 길에 물랭호텔에서 일주일 동안 묵으셨다. 부인과 함께였다.

인사를 드린 뒤, '학생 때, 제가 문학 소년이었습니다' 하고 소개했다. 이호철 씨가 말했다.

"한번 좀 봅시다. 혹시 써 놓은 것 있으면."

"옛!"

쌓아 두었던 원고 뭉치 속에서 하나를 찾아 전해 드렸다. 몇 시간 후이다. 아내를 통해서 내 원고가 돌아왔다.

펼쳐 보니, 빨간 볼펜으로 맞춤법부터 고친 흔적이 가득 담겨져 있었다. 원로작가의 따뜻한 열성에 고개가 숙여졌다.

작고하셨으니, 더 뵐 수 없어 슬프다.

3. 문학 소년에 격려 편지-소설가 선우휘 님

원로작가와의 따뜻한 추억은 소설가 '선우휘' 씨도 마찬가지이다.

내가 고교 1년생 때였다. 선우휘 씨의 작품에 흠뻑— 빠져 있었다. 그때 선우휘 씨는 조선일보 주필을 하면서, 단편을 연달아 발표하며 이런저런 문학상을 휩쓸 때였다. 문학 소년의 이름으로 편지를 보냈다.

답장이 왔다. 내가 보낸 편지가 두 장짜리였는데, 서너 장으로 된 긴 편지였다. 문학에 꿈을 가진 소년에게 용기를 북돋아 주는 내용이었다. 대작가가 문학 소년이 보낸 팬레터에 두 배가 넘는 답장으로 보내 준 것이다. 존경스러운 작가였다.

4. 신문기자 시절의 소설가 서기원 님

─

작가 '서기원' 님도 고교 1년생 때 만났다. 이분이 서울신문사 경제부 기자로 일할 때이다. 아마도 30대 초반 나이 때가 아니었을까.

다니던 고교 문예반은 1년에 한 번씩 '시 낭송회'를 가졌다. 이 모임에 기성작가 한 분씩을 초대해서 시평이니, 문학 강의를 들었다. 그해, 서기원 씨를 초청했다.

신문사를 방문하니, 편집국 안이 매우 혼잡하여 보였다. 도떼기시장처럼 시끄러웠다. 책상 위에 원고지가 어지럽게 쌓여 있어 잘 정리된 사무실과는 거리가 멀었다. 기사쓰기를 마친 후, 서기원 씨는 신문사 지프차를 배정 받아 효자동 우리 학교로 향했다. 자가용이 매우 희귀할 때여서, 신문사 차를 타니 얼떨떨- 했다.

서기원 씨는 나중에 동경 특파원, 중앙일보 논설위원, 총리실 대변인, KBS 사장 등을 역임했다. 작가이면서 중요한 공직까지 겸임한 흔치 않은 경우이다.

대학 졸업 후에 내가 바로 그 편집국에서 일하게 되었는데, 감회가 남달랐다.

5. 희곡작가 차범석 님

—

90년대의 초반, 희곡작가 '차범석' 씨가 물랭호텔에 오셨다. 나이가 더 많으신 다른 한 분과 동행이셨는데, 그분이 누구셨는지는 기억이 없다.

차범석 씨와는 두 번의 인연이 있었다.

우선 신춘문예 당선 때, 심사위원 중의 한 분이 차범석 씨였다.

두 번째는, 1975년 동아일보 희곡부문 가작 〈불구경〉이 뽑혀서 민예극단이 공연할 때다. 차범석 님의 따님이 이 연극을 위한 연기자 중의 한 사람이었다. 공연 마지막 날, 단아한 한복 차림으로 차범석 씨가 관람했다. 이때 인사를 드렸다.

물랭호텔에 투숙하셨을 때는, 따로 대화를 나눌 기회가 없었다. 공식 방문이라 일정이 빡빡해 보였다. 나 또한 희곡을 쓴다던 사람이 파리 땅에 와서 자영업을 하고 있는 처지여서 인사드릴 용기를 내지 않았다.

후회스럽다.

6. 소설가 황석영 님

―

아, '황석영' 선배!

내가 고교 1년생 때, 황석영 선배가 고교 3년생이었다. 우리는 문학 소년인데, 황 형은 청년작가로 이미 이름이 널리 알려져 있었다. 황석영 형은 우리에게 전설이었다.

북악산 밑자락에 학교 건물 아래 꾀꼬리 동산이 있었다.

그곳 작은 가건물에서 열리는 문예반 모임에 황 선배가 가끔 모습을 나타내곤 했다.

우리들에게 '꼭 읽어야 할 고전문학' 리스트를 등사하여 나누어 주었는데, 그리스 신화로부터 시작하는 어마어마한 내용이었다. 나는 지금까지도 이 리스트의 몇 분의 1이나 읽었는지, 부끄럽다. 고등학생 때, 황 선배의 독서량이 벌써 천문학적인 수준이었다. 학년도 위였지만, 그 독서량에 눌려 존경스러웠다.

후에 황 형이 '바위 등산'할 때는 우리도 뒤따라 인왕산에 가서 '록 크라이밍'을 훈련했다. '사상계 신인 문학상'에서 황석영 형의 중편 〈입석부근〉이 당선될 즈음이다.

다니던 학교의 등산반원들과 함께 도봉산에 가서, 인수봉 밑에 텐트를 치고 주말을 함께 보낸 기억도 있다. 그때, 산에서 바라다 본 서울의 아침 안개 속 모습이 아름다웠다. 고교생 신분에 객기로 담배 한 대 피우고, 소주 한 잔을 마신 추억이 있다.

황석영 형이 해병대에 입대하여 월남전에 참전하기 전이다.

나중에 이 경험을 〈삼포 가는 길〉 단편으로 녹여 내는 그의 팔도강산 여행 시절, 그때의 소회를 간단히 적은 우편엽서를 황 형이 보내왔다. 이후, 조선일보 신춘문예에 〈탑〉이 당선되어 본격적으로 작품 활동을 시작했는데, 내가 더 기뻐했다.

황 형이 한국일보에 〈장길산〉 연재를 막 시작하였을 때이다.

새해를 며칠 앞둔 그날, 우이동에서 출발하는 만원 버스 안에서 만났다. 나는 삼양동에서 살았고, 황 선배는 우이동에 살았다는 것을 나중에 알게 되었다. 바로 그 전날, 나는 동아일보 신춘문예 희곡 부문에서 가작으로 뽑혔다는 소식을 들은 터였다. 내가 말했다.

"글쎄, 하필이면 희곡에, 가작이지 뭡니까."

1974년 12월 26일이었다. 황 선배가 말했다.

"희곡이나 소설이나 다 마찬가지야. 열심히 써라! 나는 한국일보에 〈장길산〉 원고 주러 여기서 내린다. 나중에 보자."

나는 근무하는 신문사가 위치한 광화문에서 내렸다.

이로부터 다시 만나게 되는 것이 35년 후, 파리에서이다. 황 선배의 독일 망명생활 때, 나중에 들어 보니 파리에 들른 적이 있었다고 했다. 광주 사태 후, 황 형이 자유롭지 못할 때이다. 파리를 다녀가도 아무나 만나지 않고, 지인 몇 분만 만나고 베를린으로 돌아갔던 것으로 나중에 들었다.

이즈음 내가 만난 것은 《르 몽드》에 두 페이지에 걸쳐 번역, 게재된 황 선배의 단편이다. 내용은, 자신의 피를 팔아 생활하는 사람들을 소재로 한 단편이었다. 내가 기억하는 바로는 한국작가의 작품이 《르 몽드》에 실리기는 이 단편이 처음이다. 양면 전면을 다 할애한 편집이었다.

이후, 독일, 북한, 미국으로 이어지는 망명 시기 때, 한국신문에서는 계속해서 황석영 작가의 〈동정(動靜)〉이 실렸기 때문에 당시의 상황을 짐작할 수 있었다.

내가 해외생활을 하면서, 황 선배 또한 더 좋은 작품을 쓰기 위해서는 더 너른 세상을 많이 보는 기회를 가질 수 있기를 바랐다. 결과적으로는 광주 사태 이후 망명생활을 통하여 황석영 작가는 오랜 해외생활로 견문을 넓히는 기회를 가졌던 셈이다.

그 다음은 감옥생활 시기이다.

이 또한 한국신문이 상세히 보도했기 때문에 소식을 잘 알았다. 출옥 후, 동아일보 연재 〈오래된 정원〉부터 다시 작품을 읽을 수 있었다. 그로부터 다시 몇 년 후, 파리에서 재회할 수 있었다.

〈삼포 가는 길〉 등 단편집이 프랑스에서 번역되어 출판 기념회가 열렸다. 출판사는 작가를 위하여 오페라 뒤쪽 호텔에 예약을 했다는데, 이를 취소하고 우리 호텔로 이사하여 함께 지내게 되었다.

이후, 황 형은 1년에 한 번씩은 파리를 방문하여 회포를 풀 수 있었다. 작품 발표도 왕성했고, 여러 작품들이 번역되어 파리에서 출판될 때마다 출판 기념회가 열렸다.

그때마다 물랭호텔에 예약하여 같이 지내며 문학 이야기를 들을 수 있었다. 행복한 시간들이었다. 작가 김훈 씨, 문학동네 강태형 씨도 소개해 주어 만날 수 있었다. 황 선배에게 신세 진 바가 많다.

파리 문화원에서의 강연회도 추억의 한 장면이다. 장남 황호준 씨와의 대화가 기억에 남아 있다. 내가 물었다.

"아버지처럼 글을 쓰시지…."

"아버지를 따라가는 것이 불가능하다고 어려서부터 깨달아서, 국악 작곡이 전공입니다."

황호준 씨는 한국의 몇 안 되는 훌륭한 국악 작곡가가 되었다. 연극인 손진책 씨는 황호준 씨를 '훈훈한 인간성을 가진 훌륭한 국악 작곡가'라고 말했다. 대신, 따님이 소설가로 등단하여 황 선배를 기쁘게 했다.

며칠 전, 이메일 소식을 나누었다. 이메일 속에서 황 선배가 말했다.

"아이쿠, 우리 아우님. 나는 지금 글 쓰기 위하여 익산에 와 있네. 내가 영국 가면 만납시다."

노벨 문학상에 버금가는 맨부커 문학상에 〈해 질 무렵〉이 후보작에 뽑혔다는데, 상을 타게 되면 런던에서 다시 만날 수 있기를 기대한다. 익산에서 집필 중인 장편소설 〈마터 2-10〉는 예스24 웹진 '채널 예스'에 연재가 시작되었다.

애독자의 한 사람으로 열심히 읽고 있다.

7. 시인, 소설가 윤후명 님

―

나는 '윤후명' 씨의 작품을 좋아한다.

그의 단편들은 시적인 문장과 단아한 감수성이 뛰어나다. 시인에서 소설가가 되었지만, 그의 문장들은 시에 가깝다. 60~80년대를 관통하는 그의 가족사와 이에 따르는 자신의 삶을 담은 그의 작품에 깊은 애정을 가졌다.

윤후명 씨는 나와 동갑이다. 또 나의 친구이자 동창인 작가 이원방의 절친이다. 고등학생 때도 글 쓰는 용산고 문예반 친구들로부터 이야기를 많이 들어온 터였다. 만나지는 못했지만, 이름으로 서로 잘 아는 사이였던 셈이다. 그가 살아가는 궤적에 관심을 가져, 좋은 여성을 만나 결혼하는 과정도 신문기사와 친구들의 전언으로 들어 알고 있었다.

윤후명 씨를 90년대 초, 물랭호텔에서 만났다. 부인과 함께였다. 마침 친구 이원방이 물랭에 묵고 있어 세 사람이 한 달을 한 지붕 아래서 지냈다.

윤후명 씨는 카자흐스탄에서 10개월인가를 보내고 파리에 도착했다. 이 여행 경험을 단편 〈하얀 배〉로 써서 동인 문학상을 받았다. 그는 카자흐스탄의 '알마타'라는 이름의 도시에 대해서 이야기했다.

"해발 2천 미터인가, 하늘빛깔이 기가 막힙니다. 인심 좋고요. 마치 하늘 위의 도시였습니다. 꼭 한번 가 보십시오."

얼마 후, 서울에 나간 길에 윤후명 씨와 만났다. 마침 집들이를 하는 날이어서, 과객을 위한 방이 따로 있으니 묵고 가라고 권유했다. 부인이 술상을 차려 와서 자정을 넘겨 마셨다.

이때 윤후명 씨가 카자흐스탄에서 만난 한 교민에 대해서 이야기했다. 이 사람이 바로 '미하엘 박' 씨로 우리식으로 표현하면 고려인('카레이스키'), 러시아에서 살아온 한국인이다.

"참 착한 사람입니다."

미하엘 박과는 나중에 파리에서 두 번 만났다. 윤후명 씨의 소개로 좋은 사람을 만나 고마웠다.

· 몽마르트르 물랭호텔 1 ·

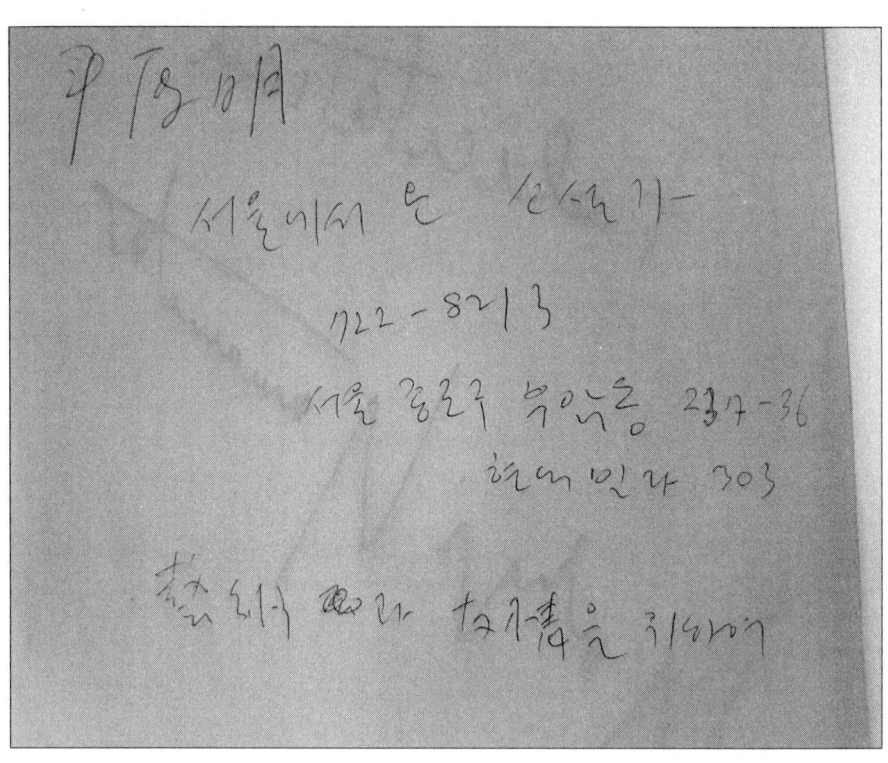

작가 윤후명 씨가 남긴 우정의 글.
"서울서 온 소설가, 예술과 우정을 위하여"

최근, 윤후명 씨는 고향 강릉에 귀향했다고 한다. 이와 관련한 인터뷰 기사에서 자신의 작품과 삶을 그린 표현이 마음에 잘 닿아 왔다. 그의 말을 옮긴다.

"여러 편의 소설을 썼지만 70세 나이를 넘기고 보니 내가 쓴 것은 결국 몇 권을 썼든지, 사실상 한 권의 책이 아닌가 싶다.

내가 쓴 모든 소설은 결국 하나의 소설이다.

세상은, 인생은 한 권의 소설과 같다.

이제 전집을 출간하며 한 권의 소설 같았던 작가로서의 인생을 회고하려 한다."

신문에 실린 사진을 보자니, 세월에 장사 없다. 한잔해야 하는데, 걱정이다.

다음 한국 방문 때, 꼭 만나야겠다.

8. 소설가 이문열 님

—

'이문열' 씨와 보름을 물랭호텔 한 지붕 밑에서 지냈다. 뮤지컬 〈명성왕후〉가 기획 단계일 때이다.

처음 '윤호진' 연출자의 희망은, 파리에 사는 영국인 유명 뮤지컬 작곡가에게 작곡을 맡기고자 했다. 출발 때부터 한국 시장이 아닌 해외 시장을 노렸기 때문이다. 이를 위하여서는 세계적인 외국 유명 작곡가의 참여가 꼭 필요하다고 판단했다.

이 작곡가와의 면담 기간 중, 10여 명의 일행이 물랭호텔에 투숙했다. 원작자인 이문열 씨가 그중의 한 사람이었다. 〈명성왕후〉의 첫 공연이 1995년이니까 1994년 전후가 아닌가 싶다. 윤 씨가 파리에서 만난 외국인 유명 작곡가는 〈명성왕후〉의 작곡을 완곡히 사양했다고 한다. 그 작곡가가 했다는 말을 그대로 옮겨 본다.

"한국 역사를 몰라 작곡에 꼭 필요한 감동을 느낄 수 없다."

결과적으로는 한국에서 '김희갑' 씨와 '양인자' 씨가 작곡, 작사가로 등장하게 된 것이 다행이었는지도 모른다.

작가 이문열 씨에 대해서는 그동안 이야기도 많이 듣고, 작품도 많이 읽었지만, 서로 만나기는 그때가 처음이었다.

워낙 오래전이기도 하지만, 그때의 이문열 씨는 술이 셌다. 물랭호텔 식당에서 윤호진 씨와 뮤지컬 출연 예정의 연극인들과 새벽녘까지 포도주를 마신 추억이 있다. 이문열 씨가 말했다.

"이제 (장사)하시는 일 접으시고, 글을 쓰셔야죠."

"아이쿠, 좋은 말씀 감사합니다."

살아가면서 서로 맞대면을 한 적은 없었지만, 알음알음으로 지인의 지인 식으로 서로를 이름으로만 들었는데도 나에게 좋은 조언을 해 주어 고마웠다.

몇 년 후이다. 한국 방문길에 강원도에 갔다. 오는 길에 나와 동행한 지인이 경기도 이천에서 이문열 씨 집으로 차를 돌렸다. 자택 겸 사숙(私塾)으로 쓰는 '부악문원(負岳文院)'이다.

밤이어서 잘 볼 수 없었지만, 한식으로 지어진 건물은 두 개로 나뉘어져 있었다. 안채는 이문열 씨가 쓰고, 마당 쪽 방들은 장차 작가가 되려는 사람들에게 제공하고 있다고 했다. '미래 작가 기숙사' 성격이다.

부인이 술상을 차려 내왔다. 이문열 씨는 동아일보 연재소설을 써야 한다고 사양해서, 길손님인 우리들만 술을 마셨다. 술을 절제하는 모습이 존중스러웠다. 이문열 씨는 이때도 파리에서의 조언과 같은 말을 해 주었다.

"글을 쓰셔야죠."

문득, 바로 이곳 부악문원에 방 하나를 얻어 열심히 글을 쓰고 싶은 충동을 느꼈다. 그러나 며칠 후, 다시 파리로 돌아왔고, 물랭호텔 일에 빠졌고, 글을 못 쓰면서 오늘에 이르렀다.

이문열 씨에게 감사하고, 미안하다.

9. 소설가가 될 뻔했다

1977년 12월 말이다. 사우디 '젯다'에서 서울로부터의 전화를 받았다.

"조선일보 문화부입니다. 신근수 씨 맞죠?"

"예."

"신춘문예 단편소설 부문에 〈남남북녀〉가 뽑혔습니다. 당선 소감을 급히 보내 주십시오."

그날로 써서 보냈다.

한 해 전인 1977년 조선일보 신춘문예에서 희곡 〈우물 안 개구리〉가 당선된 다음 해에 연이어 단편소설이 당선된 것이다. 똑같은 연락을 1976년 12월 말에 받았었다. 두 해에 걸쳐서 희곡과 단편소설이 신춘문예에 당선

되다니…. 그것도 하필이면 똑같이 조선일보라서 더 기뻤다.

그러나 1978년 1월 1일자 조선일보에는 다른 사람의 단편소설이 당선자로 발표되었다. 이게 어떻게 된 일인가? 실망이 컸다. '참, 희한한 일도 다 있네!'라고 생각했다. 나는 사우디에 있었기 때문에 가서 물어볼 수도 없는 처지였다.

단편 〈남남북녀〉는 사우디에서 일하는 근무자가 파리를 거쳐 귀국하는 길에 북한 여성을 비행기 속에서 만나는 이야기였다. 남자는 젯다에서, 여자는 카이로에서 '에어프랑스'를 타고 파리에 가는 구성이었다. 내용을 소개한다.

"나는 사우디 공사 현장에서 오래 일하는 동안, 한 번도 여성을 본 적이 없었다. 모래, 사막, 공사장이 생활의 다였다.

젊은 나이였지만, 어느 날, 발기부전 증세가 나타났다. 한국 가면 장가도 가야 하는데 걱정이 많았다. 공사 현장을 떠나면 나을 것이라고 자신은 물론 동료들도 말했었다.

그러나 젯다, 카이로 간의 비행기 안에서도 이 증상은 마찬가지였다. 사막 현장을 떠났는데도 나의 물건은 번데기 모양일 뿐이었다.

우연인지, 운명인지, 카이로에서 한 동양 여성이 비어 있던 내 옆 좌석에 앉았다.

이 여성이 한국말을 할 줄 안다는 것을 알게 되는 것은 파리에서이다.

환승을 위한 다음 비행기를 탈 때까지 시간이 남아 단둘이서 파리 관광을 같이 할 수 있게 된 것이다.

두 사람은 루브르 박물관도 보고, 에펠탑에도 가고, 성심성당에 가서 서로 사진도 찍어 주었다. 카페에도 가 보고, 간단한 식사도 했다.

그러나 서로가 상대방이 누구인지 잘 알지 못해서 아주 조심하며 간단한 대화를 한국말로 나누었을 뿐이다.

이제 서로 헤어질 시간이 되었다.

여자가 공항으로 떠났다.

나의 항공편은 내일 아침이다.

밤길을 걸어가는데, 발기부전 증세를 보였던 나의 물건이 벌떡- 일어섰다.

문득, 방금 헤어진 여자가 북한 여성일지 모른다는 생각을 한다."

여기 나오는 두 사람에 대한 나의 인물 구상은 이랬다.

- 남자는 중동 현장 근무자
- 여성은 카이로에 민속공연 왔다가 병이 나서 치료 후에 다른 공연자들과 떨어져서 혼자서 귀국하는 북한 여성

그래서 〈남남북녀〉로 제목 붙인 것이다.

실제, 나는 젯다, 카이로 경유, 파리행 비행기를 여러 번 탔었다. 그때 이집트는 북한과 가깝게 지냈다. 북한 민속무용단이 카이로에서 공연도 했다. 내가 실제로 북학 무용수를 비행기 안에서 만난 적은 없었지만, 그 가능성을 놓고 상상으로 쓴 단편이었다.

왜 내 작품은 떨어졌을까? 나의 추측은 다음과 같다.

심사위원님들은 〈남남북녀〉를 그해 신춘문예 당선작으로 뽑았다. 문화부는 당선 소감을 부탁했다.

이후에 문제가 생겼다. 그때는 정보 계통 사람들이 신문사에 상주할 때다. 또는, 너무 당시 시대 정서에 비추어 너무 외설적이라는 비판이 거셌다? 그래서 내가 받았던 당선 통지는 없던 일이 되었다.

나 또한 사우디를 거쳐 파리생활에 쫓기면서 이 해프닝을 잊었다. 지금 돌이켜 보자면, 물론 안타깝다.

그때 처음 연락 받았던 대로 당선이 되었더라면?

내 인생은 또 다른 길을 걷게 되었을는지도 모른다.

인생이란, 그런 것이다.

이야기 13

발레하는 사람

1. 왕년의 무용 스타 일본인 여성

"파리 오페라 발레단에서 무용수로 활약했습니다. 제 나이 20살 때죠."

'나오미' 씨[4]는 자신을 이렇게 소개했다.

그는 대단한 미인이다. 나이를 물었지만, 절대로 가르쳐 주지 않았다. 우리는 50대 중반으로 추측했다. 뒷모습만 보자면, 20대인지 또는 30대 여성인지 분간이 쉽지 않았다. 평생 발레로 단련된 날씬한 몸매 때문이다.

매력을 많이 가진 여성이었다. '왕년의 발레리나답다'고 우리가 입을 모

---

4 · 본인 동의를 얻을 방법이 없어 이름을 바꾸었다.

았다. 어느 날, 나오미 씨가 말했다.

"사진 하나 보여 드릴게요."

그날, 저녁식사 자리에서 사진을 하나 꺼냈다. 서로가 친밀해진 다음이다. 나오미 씨는 해마다 여름에 2주씩 묵고 떠났다. 그가 우리에게 마음을 열게 되는 데까지는 상당한 시간이 걸렸다.

"자, 보십시오. 사진 속의 이분이 바로 무용가 '누레예프(Rudolf Hametovich Nureyev)' 씨이고, 바로 옆이 20대 초반 때의 제 모습입니다."

"와우!"

놀라운 일이었다.

누레예프는 20세기 발레의 전설이다.

소련에서 프랑스에 공연 왔다가 망명한 전 세계 발레계의 별이었다. 파리 오페라에서 활약하다가 나중에는 파리 오페라무용단 단장을 오래했다.

그 누레예프의 상대역으로 활약했다니. 사진과 눈앞의 나오미 씨를 번갈아 바라다보며 감탄했다. 세계 최고의 발레 대부의 파트너로 춤추었던 일본 여성 발레리나. 바로 그 인물이 내 앞에 앉아 있다는 사실이 꿈같았다. 믿기 힘들었다.

누레예프는 50대 중반 나이에 에이즈로 세상을 떠났다. 파리가 들썩하는 장례식이 이루어졌었다. 내가 말했다.

"대단하셨습니다."

이 한 장의 사진이 나오미 씨가 살아온 인생의 궤적을 증명했다. 자신의 현재 생활에 대해서 설명한 내용을 옮긴다.

"지금은 동경 중심가에서 발레학교를 운영하고 있어요. 1층은 유소년 반, 2층은 청소년반, 3층은 성인반입니다. 4층이 사무실이고, 5층 꼭대기에서 저는 어머님을 모시며 살고 있습니다."

"두 모녀가 빌딩 꼭대기 방에서?"

"네, 저는 결혼을 안 해서 어머니를 모시고 살아요."

나오미 씨와 허물없는 사이가 되었을 때였으므로, 용기를 내어 질문을 던졌다.

"평생을 독신으로?"

담담한 표정으로 그가 말했다.

"아, 물론 사랑하던 사람이 있었지요. 그러나 결혼할 수 없었고, 그 후로는 결혼할 생각이 없었고, 결혼을 해야 할 이유도 없고, 그나마나 발레학교 운영이 아주 바쁩니다."

"아무리 그래도 그렇지…."

남의 일이지만, 안타까웠다. 한번은 이런 질문도 던졌었다.

"저희는 별 2개의 평범한 숙박 호텔인데…."

어떻게 해서 우리 물랭호텔에 오게 되었는지가 궁금해서였다.

계절 따라 그리고 '부킹 닷컴' 등 예약 전문 사이트의 가격 변동에 따라 오르락내리락 하지만, 1년을 평균 내면 대개 100유로 이하이다.

나오미 씨처럼 동경 중심가에서 발레학교를 운영하는 일본인으로서는 매우 이례적인 선택이라고 생각했다. 좀 더 비싼 별 3개 또는 별 4개 호텔에 왜 가지 않았을까, 궁금했었다. 그가 말했다.

"파리에 유명한 일본인 발레 스승님이 계십니다. 여든 살, 고령이시죠. 이분이 해마다 발레 여름학교를 운영합니다. 저 같은 발레 선생님들을 위한 특강이에요.

발레리나는 평생 연습을 해야 합니다. 하루라도 거르면 안 되지요. 또 배워야 합니다. 이 스승님의 서머스쿨에 오래전부터 참가하고 있습니다. 그 장소가 물랭루즈 옆이거든요."

내가 말했다.

"아, 그렇군요. 우리 손녀 따라서 그 무용실을 방문한 적이 있습니다."

손녀가 대여섯 살 때, 발레를 배웠다. 동행하여 보니, 그 장소가 바로 물랭루즈와 어깨를 나란히 한 건물 속이었다. 물랭호텔에서는 지척지간이다. 단 몇 분이면 가고, 올 수 있다. 그가 말했다.

"이 스승님은 널리 알려진 분이라서, 저 같은 발레학교 선생님들이 전 세계에서 이 서머스쿨에 참석하려고 온답니다."

"아, 그렇군요."

프랑스에서는 여름이면 모두 바캉스를 떠나 파리가 텅- 빈다. 이때를 이용하여 일본인 발레 스승이 발레 서머스쿨을 여는 것으로 이해했다. 또 몇 해가 지난 후이다.

아, 잠깐, 그에 앞서서 나오미 씨의 독특한 인사법을 소개한다.

보름씩을 묵다 보면, 자연스럽게 우리 호텔에서 일하는 근무자들은 물론 다른 투숙객들과도 서로 인사를 나누는 자리가 마련된다. 가끔 우리가 초대하는 한식 저녁식사 자리에서이다.

나는 거의 생활을 호텔에서 먹고 잤기 때문에 근무자들은 물론 장기 투숙객들과 식사를 같이 하는 경우가 많았다. 식사는 연변 아주머니가 차려 주었다. 음식 솜씨가 뛰어났다. 이 훌륭한 솜씨를 나 혼자 독점하기가 아까웠다.

일주일 이상씩 투숙하는 고객을 저녁식사에 초대했다. 불고기, 불갈비, 생선전, 비빔밥이 인기였다. 이 과정에서 알게 된 일이지만, 일본인들은 한식을 굉장히 좋아했다.

나오미 씨가 우리 또는 우리가 소개한 다른 고객과 인사할 때다. 그는 마치 발레 공연을 끝낸 뒤, 무대에서 하는 모습으로 인사했다. 한 손을 앞으로 내놓는가 하면, 한 발을 뒤로 빼며 몸을 숙이는 자세이다. 인사인지, 발레인지, 분간하기 어려운 독특한 인사법이다. 이런 인사를 받는 사람이

깜짝- 놀랄 제스처였다. 겸연쩍어, 우리가 말리고 싶었다.

그럼에도 나오미 씨는 언제나 똑같이, 보통 인사와는 전혀 다른 인사를 모든 사람과 나누었다. 처음에는 정말로 이상했다. 그러나 이 특이한 인사법이 반복되면서, 우리도 익숙하게 되었다. 지금 추억하더라도 발레리나 스타일의 '나오미 표' 인사는 독특했다.

그해 여름, 나오미 씨는 연례행사처럼 물랭에 투숙했다. 그런데, 과거와는 다른 모습이었다. 표정이 좋지 않았다. 해맑던 얼굴에서 미소가 사라져 있었다. 남의 일 같지 않아서, 호텔 앞 카페로 안내하여 샴페인 한 잔을 마셨다.

나오미 씨는 발레 연습을 위하여 술을 입에만 살짝- 대어 한 모금 마실까 말까 하는 것이 습관이다. 우리처럼 원샷 하는 것과는 거리가 멀었다. 이런저런 대화 끝에 그에게 질문을 던졌다.

"건강하시죠?"

"네…."

짧은 대답이었다.

잠시 대화가 끊겼다. 이어 나오미 씨가 말했다.

"어머니가 돌아가셨습니다."

"아!"

우울한 표정의 이유를 알 수 있었다. 한참 뜸을 들인 뒤에 위로의 말을 건넸다. 나의 경험을 말했다.

"저는 대학 2학년 때 어머니가 돌아가셨어요. 아주 오래 전의 일이지만, 어머니를 잃었을 때의 충격이 상처로 남아 있습니다."

"혼자 사는 일이 쉽지 않습니다. 발레학교에 신경을 모두 쏟으려고 노력하지만, 쉽지 않네요."

"이해합니다."

그리하여, 이번 나오미 씨의 파리 방문 중에 한 일본인 남성을 소개하면 어떨까 하는 생각을 하게 되었다. 내가 소개해 보고자 했던 일본인의 이름이 나까무라 씨이다.

그는 나의 절친으로 서로 알고 지낸 지가 20년이 넘었다.

일본인이면서도 그는 일본을 좋아하지 않았다. 그래서 프랑스를 제2의 모국으로 생각하며 몽마르트르에서 살았다.

그의 직업은 일본의 스포츠 주간지 《축구》의 파리 특파원. 주말마다 프랑스와 유럽 축구 관련기사를 보낸다고 했다. 또 유명 프랑스 축구인의 해설기사를 번역하여 동경 본사에 보냈다. 그는 나이가 나와 비슷하니, 지금 70대 중반이다.

매우 깔끔한 성격을 가졌는데, 결벽주의자 쪽에 가까웠다. 방 두 개의 아파트에서 혼자 살았다. 그림과 성악에 조예가 깊어 그의 방 안은 자신이 그린 작품의 전시장이었다. 이런 과거를 말한 적도 있었다.

"제가 '와세다' 영문과를 나왔지만, 사실은 미대를 가고 싶었어요. 먹고 살기 위해서 화가 되기를 포기했습니다."

어떤 측면에서 보자면, 그는 천재 성향을 가진 사람이었다. 그의 그림, 약간 괴팍한 성격이 그랬다. 나는 그의 그림을 좋아했다. 전업화가가 아닌데도 상당한 경지에 이른 작품으로 나는 평가했다.

20점 정도의 그림 중에 마음에 드는 작품이 있어서 '내가 사겠다'고 제안한 적이 있었다. 그러나 그는 한마디로 거절했다. 그 작품들을 무덤까지 갖고 갈 것이기 때문에 팔지 않는다는 논리였다. 어느 날, 내가 물었다.

"아니, 그런데 왜 이렇게 혼자 살아요?"

"사연이 있죠."

그러나 '그 사연'을 더 묻지는 않았었다.

그로부터 한참 후이다. 몇 년 후였는지도 기억이 안 날 정도로 오랜 시간이 지난 다음이다. '그 사연'을 듣는 기회가 생겼다.

카페에서 거나하게 한잔 마시는 자리에서였다. 나까무라 씨는 맥주 한 잔에 얼굴이 빨개지는 천성을 가졌다.

나와 처음 만났을 때, 원샷으로 수도 없이 포도주 잔을 들이키는 나를 보고 경이로운 눈으로 보았었다. 그러나 10년, 20년을 나와 가깝게 지내다 보니 술 실력이 늘었다. 맥주는 두 잔, 포도주도 두 잔까지 마시는 경지에 이르렀다. 얼굴이 빨개지기는 마찬가지였지만, 그래도 20년 전과 비교하자면, 대단한 발전이었다.

그날, 몇 잔째의 맥주와 포도주를 마시더니 나까무라 씨가 말했다.

"제가 루마니아 '차우세스크' 장학생 아니었습니까. 일본 주간지 특파원 일을 하면서 루마니아에 유학을 간 겁니다."

그는 루마니아에서 중세 문학으로 전공을 바꾸었다. 프랑스에 와서 20년을 살기 훨씬 전의 일이다. 내가 물었다.

"루마니아는 일본하고는 비교가 안 되게 가난한 나라인데, 일본인에게 장학금을 준다?"

그의 설명을 들어 보자.

"독재자들한테는 허세가 있죠. 선진국 일본에 후진국 루마니아가 일본 사람한테 장학금을 준다고 자랑하고 싶었던 거죠. 제가 그 덕을 본겁니다."

내가 질문했다.

"차우세스크는 북한 김일성과도 가까운 사이였다고 하던데요?"

"그랬죠. 당시 루마니아에는 외국인이라고는 러시아 사람들 밖에 없었어요. 제가 영어를 하는 아주 희귀한 일본인이니까, 상류사회 사람들과 쉽게 교류를 할 수 있었습니다."

짐작건대, 장학생이면서 일본 주간지 특파원 신분이니, 그는 꽤나 즐거운 루마니아 생활을 누린 것으로 이해했다. 상류사회에서의 교류에서 그는 한 루마니아 여성을 만난다. 손에 든 포도주 잔을 빙글빙글- 돌리면서, 그는 잠깐 회상에 빠졌다.

"사랑했죠."

나까무라 씨와 20년을 친하게 지냈지만, 그와 나눈 대화에서 여성의 존재가 등장한 것은 그때가 처음이자 마지막이었다. 여성에 관한 한, 상처를 입은 남자로 느꼈다.

그의 가족사도 마찬가지이다.

평범한 집안 사정과 달랐다. 그가 어렸을 때, 아버지가 사라졌다. 젊은 여자를 만나 가족을 버리고 떠난 것이다. 그 다음에는 어머니 차례였다. 새 남자를 만나 3남매와 헤어졌다. 두 동생이 장남 입장인 나까무라 씨에게 얹혀 지내게 된 사정이다.

대학 재학 때부터 그는 신문기자로 생활을 해결했다. 여동생과 남동생의 학비 대주기도 나까무라 씨의 의무사항이 되었다. 이는 루마니아 유학 생활 때도 마찬가지였다. 장학금에 생활비까지 제공하는 아주 후한 조건 덕택에 동생들에게 송금을 계속할 수 있었다.

그러기를 몇 년. 모처럼의 일본 방문에서 그는 큰 충격을 받게 된다. 성인이 다 된 동생들이 계속해서 경제적인 도움 받기를 당연한 것으로 생각하고 있음을 발견했기 때문이다. 그는 동생들에게서 배신감을 느꼈다. 결혼을 미루어 가며 열심히 동생들을 위하여 최선을 다했는데, 그 결과가 참담했다며 한숨을 쉬었다.

다시 그의 루마니아 시절로 돌아가 보자.

"루마니아 혁명으로 차우세스크가 처형되었지 않습니까."

그때가 1989년이다. 바로 이 시기에 물랭호텔 재건축 공사를 하고 있었으므로, 나는 잘 기억한다. 루마니아 혁명은 '차우세스크 부부 총살'로 막을 내리기까지, 한 달 동안 총성이 계속 울려퍼졌다.

한편, 프랑스는 역사적으로 루마니아와 친했다. 프랑스 말을 잘하는 루마니아 사람도 많다. 덕택에 지금 많은 루마니아 의사들이 프랑스에 취업하여 일하고 있기도 하다.

혁명 기간 동안 내내, 프랑스에서는 무장 혁명 과정이 텔레비전으로 방영되었다. 매일매일 현장 중계되는 상황이 드라마틱했었다. 독재가 무너지는 한 달 내내 시청했던 기억이 생생하다. 나까무라 씨의 설명이다.

"민주정부가 들어서면서, 루마니아판 적폐청산이 있었습니다. 특히, 러시아 정보기관 정보원으로 일했던 사람들의 정체가 드러나게 되는데…."

나까무라 씨가 사랑했던 여성이 바로 러시아 정보기관 정보원(KGB)이었던 사실이 드러났다. 여자는 어느 날 갑자기 사라져 버렸다. 누가, 어떻게, 어디로 사라졌는지 아무도 알지 못했다. 그가 말했다.

"제가 몽마르트르에서 살게 된 사연입니다."

한 편의 스파이 영화를 보고 듣는 기분이었다. 내가 말했다.

"다 잊고, 결혼하셔야죠."

그가 말했다.

"생각 없습니다."

'아무리 그래도 그렇지, 새 삶을 사셔야지'라고 말하고 싶었지만, 참았다.

"흠흠…."

마치 고해성사 같은 러브 스토리였다. 이후, 우리는 자주 만났지만, 여성과 관련한 이야기는 더 이상 대화에 올리지 않았다.

다시 발레리나 나오미 씨와의 대화로 돌아가 본다. 나는 나오미 씨와 나까무라 씨가 잘 어울릴 수 있을지도 모르는 남녀라고 기대했다. 나이, 경제적 능력, 과거의 상처. 그래서 다른 사람들보다 더 서로가 서로를 이해할 수 있을 두 사람이라고 기대했다.

'발레리나와 신문기자의 만남, 멋질 수 있을 조합이 아닐까.'

인생은 짧다. 두 사람처럼 사랑 없이 여생을 산다는 것은 너무 건조한 삶이 될 것이라고 생각했다.

그동안 두 사람은 서로 얼굴은 알고 있었다. 나까무라 씨는 뻭- 하면 물랭호텔에 잘 나타났다. 복사를 하러 오기도 하고, 인터넷이 고장 나면 우리 인터넷을 이용하러 오기도 했다. 더 많은 경우에 점심이나 저녁식사를 우리 근무자들과 함께 했다. 막 식사 시작 시간에 나타나면 겸연쩍어 하는 그를 붙잡아 자리에 앉히는 수가 많았다.

내가 상상해 보았다.

'두 사람을 근사한 식당에 초대해서 은근한 분위기를 만들어 주어 본다면?'

어떤 결과가 나올지, 궁금했다. 기대도 컸다. 이를 실행에 옮기기로 했다. 먼저, 두 사람에게 따로따로 저녁식사에 초대했다. 세 사람이 하겠지만, 상대가 누구일까에 대해서는 말하지 않았다.

그렇게 해서 몽마르트르에서 가장 비싸고, 가장 멋져서 영화배우나 이 동네에서 내로라하는 사람들이 자주 드나드는 '마스코트' 식당에 예약했다.

마스코트는 3대째 같은 집안이 운영하는데, 지금은 손자가 운영한다. 그의 나이가 지금은 50대가 코앞이다. 자자손손의 식당인 데다, 이 동네 터줏대감이어서 '몽마르트르 상인협회' 회장을 맡고 있기도 하다.

후덕한 인성을 가진 그는 동네 사람들에게 인심을 잃지 않는 장사꾼이 되었다. 카페와 식당을 운영하는데, 몇 년 전 대대적인 공사를 해서 19세기 말 분위기를 내는 근사한 식당으로 탈바꿈했다. 단점이 딱- 하나 있는데, 값이 꽤 세다. 그나마나 중요한 사람을 만나면 모시고 찾아가는 식당이었다.

어쨌거나, 우리 세 사람은 근사한 저녁식사를 가졌다. 처음에는 서먹하던 분위기가 두 사람끼리 대화가 일본말로 바뀌면서 화기애애한 분위기로 전환했다.

때문에 일본말을 못하는 나는 두 사람의 대화에 4분의 1 정도밖에 참여할 수 없었다. 다행이라고 생각했다. 식사의 끝은 당연히 카페 한 잔에 샴페인이었다. 꽤 많은 금액의 계산서가 나에게는 중요하지 않았다.

결과는, 별로였다.

과거에 입은 사랑의 상처가 두 사람 다 너무 깊어서였을까. 화기애애한 분위기, 그것이 다였다. 두 사람 관계가 한 발짝 나아가기를 희망했던 나의 바람은 헛수고로 끝났다.

안타까운, 나의 일생 최초, 그리고 마지막 중매작전 실패기이다.

2. 물랭루즈 무용수와 한 달

물랭호텔은 물랭루즈와 매우 가까운 위치였다.

물랭루즈에 출연하는 무용수가 우리 호텔에 묵었다. 그것도 한 달 동안이었으니, 꽤 오랜 기간이다.

베를린 장벽이 무너지면서, 물랭루즈에도 변화가 왔다. 동유럽 무용수들이 물랭루즈에 진출하게 된 것이다.

과거, 물랭루즈는 북유럽 사람들의 독무대였다. 공산권 동유럽이 붕괴하기 전까지는 스웨덴, 노르웨이, 덴마크 무용수들이 많았다.

물랭루즈는 대중적인 공연장이지만, 무용수는 아무나 할 수 있는 게 아니다. 클래식 발레 전공자라야 한다는 불문율이 존재한다. 그동안 북유럽에 가서 새 무용수를 뽑는 오디션이 물랭루즈의 연례행사였다.

왜 북유럽인가?

물랭루즈나 리도 쇼 수준의 무대에 무용수로 서려면 신체조건이 월등해야 한다. 남성은 키가 크고, 체격이 우람차야 한다. 여성은 더하다. 특히 가슴이 아름다워야 한다. 이런 조건을 갖춘 무용수를 그동안은 북유럽이 아니면 찾기가 힘들었다.

여기에 문제가 있다. 북유럽은 프랑스보다도 국민소득이 높다. 당연히 비싼 출연료를 지불하여야 했다. 물랭루즈도 기업이다. 이익을 추구하는 회사이다. 그러나 어쩌랴. 울며 겨자 먹기로 비싼 비용을 감당해야 했었다.

구 공산권 동유럽이 붕괴되면서 상황이 바뀌었다. 러시아, 폴란드, 루마니아 등에서 북유럽에 버금가는 무용수들이 쏟아져 나온 것이다.

과거 공산 독재국가들은 클래식 음악과 무용에 대해서는 투자를 아끼지 않은 특성을 가졌다. 북유럽에 버금가는 무용수들을 동유럽에서도 찾을 수 있게 된 것이다. 이후, 북유럽 무용수 독점 체제가 무너졌다. 대신, 출

· 이야기 13 발레하는 사람 ·

연료가 훨씬 싼 러시아, 동유럽 무용수들로 바뀌기 시작했다.

덕택에 루마니아 출신 남자 무용수를 물랭호텔에서 만날 수 있게 된 것이다. 부인과 아이가 오면 같이 살아야 할 아파트를 찾기까지, 그는 우리와 함께 호텔 생활을 했다.

파리에서는 주거할 임대 아파트를 구하는 과정이 매우 복잡하다. 우선, 자기가 원하는 아파트를 찾는 데 시간이 걸린다. 그 다음, 프랑스 체류가 합법적이라는 증명서를 만들어야 한다. 이 서류가 있어야 은행구좌를 열 수 있고, 복덕방과 계약도 할 수 있다. 이때의 보증 절차가 상당히 까다롭고 복잡하다. 파리에 도착해서 집 얻는 데 시간이 많이 걸리는 이유이다.

이 루마니아 무용수와는 특별한 추억이 없다.

우선, 소통이 거의 불가능했다. 러시아어 이외에 다른 외국어를 하지 못했다. 그래서 손짓 발짓의 보디랭귀지가 불가피했다. 생활에 꼭 필요한 대화만 한계적으로 나누었다.

또 무용수생활이란, 올빼미와 같았다.

밤에 일하고, 낮에 잠자는 식이다. 물랭루즈는 밤 9시와 11시, 2회 공연이다. 공연이 다 끝나면, 새벽 1시다. 분장 지우고, 공연을 위하여 저녁식사를 건너뛰었으니, 식사하고 나면 새벽 3시다. 호텔에 돌아오는 시간이 새벽 4시였다. 나는 새벽 5시부터 일을 시작하니, 서로 엇갈렸다.

한 달 동안 같은 지붕 아래서 살았지만, 대화하거나, 얼굴이 마주친 날이 드물었다. 부인과 아이가 파리에 도착하자, 그는 호텔을 떠났다.

그와 한 달 동안의 한 지붕 아래 생활에서 한 나라의 정치 체제가 한 개인을 어떻게 만드는가를, 어렴풋이 이해했다. 동유럽 구 공산권 체제에서 교육 받고 살아온 사람들의 관행이 달랐다.

그는 표정의 변화가 거의 없이 무뚝뚝했다. 살갑게 미소 지으며 대화하는 얼굴을 본 기억이 없다. 물랭루즈 무대에서도 그런 표정이었을지, 걱정될 정도였다.

체제는 무서운 것이다.

이야기 14
나쁜 사람

1. 도둑놈 또는 도둑님의 새해 인사

—

특별한 날이었다.

도둑을 맞았고, 다른 도둑을 경찰서에서 만났고, 하필이면 또 새해 첫날이었다.

그해, 1월 1일 아침 9시.

경찰서 대기실에 앉아 있었다.

그날 밤, 도둑이 들어 이를 신고하기 위하여서였다.

피해가 소액이어서 다행이었다. 그나마나 보험 처리를 위해서는 경찰서가 발행하는 확인서가 꼭 필요했다. 이를 위하여 가까운 '범죄 신고센터' 경찰서에 찾아간 것이다.

10명 남짓의 피해 신고자들이 대기실에 앉아 담당 경찰관의 출근을 기다리고 있었다. 문득 밖을 향해 있는 문이 열리자, 모든 사람들의 눈길이 일제히 그쪽을 향했다.

'담당 경찰관의 출근인가? 자, 이제부터 번호표 받은 대로 신고를 시작할 수 있겠구나!'

이런 표정들이었다. 그러나 잠시 후 밝혀지는 상황은 이런 기대와 거리가 멀었다. 아니, 전혀 달랐다. 경찰관님의 출근이 아니라, 도둑님의 출두였다.

두 명의 범죄자가 허리 뒤로 수갑이 채워진 모습으로 앞장서서 들어왔다. 그 뒤를 또 다른 두 명이 뒤따랐다. 사복형사로 짐작되었다. 상상 못 했던 장면이다.

'1월 1일 새해 아침 9시에 경찰서에서 수갑 채워진 두 범죄자와 딱- 눈이 마주친다?'

기묘한 상황이었다. 나부터 당황스러웠다. 다른 사람들도 마찬가지였을 것이다. 그럼에도 놀란 표정을 남에게는 안 보이려고 '에헴!' 하고 시치미 떼는 모습들이 역력했다. 수갑을 차고 있어서였을까. 두 범죄자는 보통 사람들과는 아주 다른 얼굴로 보였다. 이런 생각을 했다.

'흠흠. 도둑놈의 얼굴이라는 게 바로 저렇게 생긴 것이로구나!'

놀라운 것은, 두 범죄자의 싱글싱글- 웃는 표정이다. 그중 한 명이 우리를 향하여 큰 목소리로 외쳤다.

"본 난 네(Bonne annee, 새해 복 많이들 받으시라구요)!"

도둑놈들에게 새해 인사를 받는 기분이라니!

수갑 채워진 도둑의 세 마디가 내 얼굴을 향하여 날아왔다. 당황스러웠다. 착잡했다.

대기실의 모든 사람들 또한 동그라진 눈과 벌린 입을 다물지 못했다. 거꾸로 두 범죄자는 자기 집에 들어가는 듯이 유유자적한 걸음걸이로 조사실 안으로 사라졌다.

두 범죄자 뒤를 따라 들어가는 또 다른 두 사람의 모습도 인상적이었다. 정복을 입지 않았으니, 사복형사가 분명한 그들의 그 행색이 놀라웠다. 두 사람 다 작은 배낭을 메고 있었다.

한 사람은 안경을 쓰고 있는데, 길에서 만났더라면 초등학교 또는 중학교 선생님으로 짐작했을 것이다. 얼굴이 곱상하고, 40대 초반의 나이?

두 번째 사람도 마찬가지였다. 인심 좋은 동네 아저씨 같은 인상이었다. 범죄자를 때려잡는 사복형사로는 전혀 믿어지지 않았다.

10년 전 일이지만, 지금까지 기억에 생생한 장면이다. 오늘 우연히 길에서 만난다 해도 나는 이들 네 사람의 얼굴을 알아 볼 수 있을 것 같다. 서로 신분이 전혀 다른 사람들이었지만 말이다.

그해, 새해 첫날의 괴이한 경험이었다.

2. 막연한 소매치기 대책의 파리

―

파리에는 소매치기가 많다. 지하철 속이 더 심하다.

파리 지하철에서만 붙잡힌 소매치기 수가 1천 500명이라는 통계가 나왔다. 경찰청과 지하철 공사가 집계하고, 법무부가 확인한 2018년 수치이다.

대책은?

경찰청이 발표한 대책이라는 것이 더 놀랍다.

"향후 '소매치기 피해 확인서'를 지하철역, 기차역에서도 발급한다. 단, 6개월간 해 보고, 지속 여부를 확정한다."

내용을 보자.

- 소매치기 피해 때, 과거처럼 경찰서(파출소)에 꼭 가야 할 필요가 없어졌다.
- 새 대책은 외국인 여행자, 관광객을 도우려는 조치이다.
- 파리의 번잡한 6개 지하철역, 기차역에 영어 등 여러 나라 언어로 제작된 소정의 신고서가 준비됐다.
- 지하철 공사 직원의 도움을 받을 수도 있다.

세 가지 조건이 있다.

첫째, 피해 금액 1천 유로 이하(한화 12만 원 상당).

둘째, 가해자가 누구였는지 알 수 없는 단순 소매치기만 해당.

셋째, 폭력이 동원된 피해가 아니어서 부상을 입지 않은 경우.

- 이 새 제도 덕택에 피해자는 경찰서에 가서 신고하는 데 낭비되는 시간을 절약할 수 있을 것이다.
- 지하철 공사, 철도청이 발급하는 피해 확인서는 과거 경찰청 발급 서류와 똑같은 효력을 가진다.
- 이 서류를 보험회사에 제출하면, 보험 혜택을 받을 수 있다.

경찰청, 지하철 공사, 법무부 3자 공동명의의 서명 날인이 눈부시다.

그렇다면, 이 제도가 실시되기 전까지의 소매치기 피해자 신고 절차는 어떠했을까?

- 소매치기 피해를 경찰관에게 구두 신고한다.
- 경찰관은 각 구에 설치된 지정 경찰서를 찾아가라고 안내한다.
- 지정 경찰서에는 언제나 수십 명의 피해 신고자들이 대기하고 있다.
- 대개 최소 1시간 이상을 기다려야 담당 경찰관을 만나 신고서를 작성할 수 있다.
- 경찰관은 피해자의 구두 신고에 따라 '피해 신고 확인서'를 발급하여 준다.
- 이 절차가 최소 1시간에서 여러 시간까지로 고무줄 시간이 걸린다. 피해자가 지쳐 빠지기 십상이다. 금전 피해보다도 더 심한 피로와 절망감을 느껴야 한다.
- 여행 보험을 가입하지 않은 경우라면, 이 증명서는 아무 짝에도 쓸모없을 휴지 조각이다.

새로워졌다는 '프랑스식 소매치기 대책'은 시사하는 바가 많다.

요약하면, 신고, 확인서, 보험회사 보상 신청이라는 관행은 똑같다.

경찰서 안 가고 지하철역에서의 신고로 대체한다는 내용이다. 소매치기, 피해자, 경찰, 보험회사로 연결되는 서류에 '도장 꽝-'으로 마무리되는 것은 마찬가지이다.

연간 1억 명에 육박하는 외국인 방문자를 자랑하는 프랑스는 전 세계 소매치기들에게 '확실한 황금어장'이다. 파리 방문 외국인 중에는 중국, 일본, 한국인 등 동양인이 많다.

중국인 경우는 단체 관광객이 많다. '갤러리 라 파이에트' 백화점의 매상 중에 60%가 중국인 덕택이라는 통계가 이를 증명한다.

소매치기 입장에서 보자면, 환상적인 먹이들이 가득한 낚시터이다. '물 반, 고기 반'이라는 표현이 딱- 맞아 떨어진다. 또 범죄자들에게 이 정도로 안전한 낚시터가 없다. 피해를 당해도 신고를 하지 않거나, 못하는 경우가 대부분이다.

단체 관광객들의 경우는 더하다. 빡빡한 일정 때문이다. 가이드가 다른 수십 명의 여행객을 포기하고, 피해자만 데리고 가서 신고한다는 것이 현실적으로 불가능하다. 피해자 숫자가 경찰 집계보다 몇십 배에 이르리라는 추정은 이에 근거한다.

우선 체포된 소매치기가 1,500명이라는 수치부터 따져 보자.

피해자가 1,500명이 아니라, 붙잡힌 소매치기가 자그마치 1,500명이라니, 검거 안 된 소매치기 수는 또 얼마나 많을 것인가? 15,000명?

150,000명?

한편, 피해자 수도 마찬가지이다.

1,500명 소매치기가 기한 정해 놓고 하루에 딱- 한 명씩만 털었을 리가 만무이다. 그렇다면, 피해자 수는 15만 명? 또는 100만 명?

더 놀라운 것은, 경찰청, 법무부가 자랑스럽게 내놓은 대책이다. 범죄자 일망타진 또는 체포 대책이 전혀 아니다. '신고제도'를 개선했다는 내용이다.

새 제도의 수혜자는 피해자가 아니라, 경찰이다. 귀찮은 업무를 간소화 시키자는 의도로 읽혀진다. 피해자는 포기하고, 경찰관은 구한다?

한편, 런던은 어떠한가?

런던에서 보자면, 지하철에서의 소매치기 피해는 거의 없거나, 아주 적다. 무방비 상태에서 당해야 하는 파리와는 하늘과 땅 차이이다.

런던이 파리보다 안전한 이유는 무엇일까?

첫째, 정거장마다 지하철 공사 직원들이 여러 명씩 근무한다.

반대로 파리는 한 명도 없거나, 단 한 명의 유리창 속에서의 안내가 전부이다.

둘째, 입국 수속 절차가 매우 엄격하다.

아무나 막힘없이 입국할 수 있는 프랑스와는 아주 다르다.

그러니, 외국인 여행자가 프랑스에서는 봉인가?

불행한 일이지만, '그렇다'가 아니라고 말할 수 없다.

느슨한 프랑스적 행정의 모순이다.

이야기 15

아름다운 사람

1. 떼제 수도원 장수사 님

수도원(공동체)에서 '장수사(修士)' 님을 만났다.

"저희 집안이 원래 독실한 가톨릭 집안이었습니다."

그는 서울대 공대를 졸업했다. 첫 직장이 한국 IBM이었다고 한다.

"사회생활에 회의를 느꼈습니다. 신학대학에 다시 입학했지요."

그는 신부님이 되었다. 그의 어머님은 정말 신앙심이 깊은 분이다.

"서품 받는 날, 제가 하나님의 아들이 되었다고 무척 기뻐하셨습니다."

장수사 님의 설명이다.

"어머님이 저에게 큰절을 하셨어요. 이후, 어머님은 저에게 존댓말로 말씀하십니다."

교회나 성당에 가는 일은 있었지만, 신앙심에 관한 한 나는 자신이 없다. 목사님이 나에게 '신앙을 가져 보십시오'라고 권유하면, 나는 매번 같은 대답을 했다.

"저는 문학이 신앙입니다."

목사님들은 나에게 말했다.

"신앙을 통해서 문학을 이루십시오."

장수사 님을 만나게 된 사정을 이야기 할 순서이다.

폐쇄병동에서의 한 달

한 달이 지났을 때, 담당의사로부터 퇴원허가가 떨어졌다. 남자 간호사가 이 소식을 가져왔다. 오후 늦은 시간이었다. 그가 말했다.

"집에는 내일 아침에 가셔야겠습니다. 퇴원수속해 줄 사무원들이 퇴근했으니 말입니다."

'네, 좋습니다. 내일 퇴원하면 되죠'라고 말하고 싶었다. 그러나 입이 떨어지질 않았다. 침대에 누운 자세로 고개를 끄떡여서 동의했다.

지난 한 달 동안, 나는 독방에서 살았다. 유폐된 생활이었다. 외톨이로 살았다. 숨만 쉬는 하루하루였다. 식물이었다. 나는 식물 같은 환자였다.

독방에서 생활했기 때문에 간호사가 배달하여 주는 식사를 병실에서 혼자서 먹었다. 환자들을 위한 식당이 있었지만, 가 본 적이 없었다. 가고 싶지도 않았다. 피하고 싶었다. 사라지고 싶었다.

복도에 있는 욕실에서 간혹 다른 환자와 마주치는 경우가 있는데, 비껴서 지나쳤다. 하루에 세 번 간호사 방문이 있었다. 의사는 한 번 만났다. 다른 사람과 만나는 유일한 시간이었다. 나에게 그들은 딴 세상 사람들이었다. 나는 이 세상 사람이 아니었다.

아침, 점심, 저녁으로 간호사는 한 줌씩의 약을 주었다. 무엇인지 묻지 않고 다 삼켰다. 정신안정제, 수면제, 식욕 늘리는 약, 영양제 그리고 내가 알 수 없을 여러 가지의 약들이 섞여 있을 것이었다. 약을 먹을 때마다, 다른 세상을 느꼈다. 별나라에 와 있는 환상과 착각을 느꼈다.

하루 세끼의 약과 식사, 때때로의 목욕이 내 생활의 다였다. 병동 앞으로 잔디 깔린 작은 정원이 있어 산책하는 환자들을 볼 수 있었다. 장기 징역을 판결 받은 무기수처럼 또는 사형수처럼 나는 독방에서 시간을 보냈다.

분명히 수면제를 먹었는데도 잠이 안 오는 밤도 있었다. 창밖, 파란 하늘 속 구름과 환한 달이 보였다. 어떤 날이던가. 욕실로 가는 복도에서 한 번 스쳐 지나쳤던 여자 환자가 한밤중에 내 방에 찾아왔다. 이 여인이 나의 이마에 입맞춤했다. 감각이 없었다. 느낌도 없었다. 기괴하고 슬픈 밤이었다.

때때로 담당의사가 찾아왔다.

"지금도 이 세상을 떠나고 싶은 욕망을 느끼십니까?"

"네."

그동안 담당의사는 계속해서 '퇴원불가' 판정을 내렸었다. 어제는 달랐다. 똑같은 질문에 다른 대답을 했다.

"팽개치고 나온 호텔이 걱정됩니다. 가족 생각도 나고요."

담당의사가 '퇴원가능' 판정을 내린 것이다. 간호사가 말했다.

"원하신다면, 지금 외출할 수도 있습니다. 퇴원은 내일이지만."

고개를 끄덕여, 밖에 나가고 싶은 의사를 대신했다. 환자복에서 외출복으로 갈아입을 때, 간호사가 도와주었다.

"저녁식사 시간까지는 병동으로 돌아와야 합니다."

병실을 나섰다. 출입문 앞에 섰을 때, 육중한 철문이 열렸다. 철문을 뒤로하고 거리로 나갔다.

빨간 채양이 달린 문방구 집 신문 판매대에서, 그 날짜의 신문《르 몽드》를 샀다. 큰 느티나무 아래 벤치에 앉아 뉴스를 훑어보았다.

"전쟁이 막바지에 이르고 있다."

그해 겨울, 사담 후세인은 쿠웨이트를 침공했다.

아버지 부시의 미군과 프랑스, 영국 연합군이 이라크를 공격했다. 1차 이라크 전쟁의 시작이었다.

전쟁이 나느냐, 안 나느냐를 놓고 동네 사람들의 의견이 갈렸다. 나는 '전쟁이 안 난다'고 믿었다. 내가 졌다. 전쟁에 프랑스도 참전했다. 전쟁의 여파가 몽마르트르 언덕에 직격탄으로 떨어졌다. 객실 판매율이 30% 이하로 떨어졌다.

무서웠다. 두려웠다. 피하고 싶었다. 내 앞에 입을 떡- 벌리고 있는 치명적인 함정을 피할 수 없다고 확신했다. 전쟁이 나를 불살라 버렸다. '내 탓이다!' 후회와 회한이 나를 덮쳤다. 많은 금액을 빌린 은행 돈을 갚을 길이 없을 것이었다. 대출 받은 지 고작 1년 반이 지난 시간이었다. 살아남을 가능성을 찾을 수 없었다. 꽉- 막힌 미래였다.

개업 후, 객실 판매율은 85%였다. 꿈에 부풀어 순조로울 미래를 믿었다. 따박따박- 차입금 상환이 가능하다고 믿었다. 이 모든 것이 한순간에 무너졌다.

대출은 프랑스와 한국계은행, 두 군데였다. 프랑스은행은 간단했다. 호텔을 팔아 원금을 갚으면 끝이었다. 그러나 한국계은행의 조건이 달랐다. 한국의 아버님과 장인의 집이 보증으로 잡혀 있었다. 두 집이 다 날아갈 판이었다. 포기했다. 다른 결심을 했다.

내가 저지른 잘못을 내가 짐 지고 이 세상을 떠나야 한다고 생각했다. 막상 거기에 이르니, 다른 고민이 생겼다. 이 세상을 등질 수 있을 방법이 너무나 많았다. 어떻게 죽을 것인가? 그것이 고민이었다. 폐쇄병동에 나를 입원시키기로 결정한 것은 아내와 주치의 그리고 교회 목사님이었다.

신문을 대강 훑어보고 난 뒤, 바로 앞에 자리 잡은 카페로 발길을 옮겼다. 한 달 전, 폐쇄병동에 입원하기 직전에 포도주 한 잔을 마신 바로 그 카페였다.

배불뚝이 주인의 한 손에 포도주 한 잔이 들려 있었다. 한 달 전 모습과 같았다. 불그레한 얼굴색도 마찬가지였다. 발 밑에 엎드린 나이 많아 보이는 주인의 개는 여전히 잠자고 있었다. 소리가 나면 눈만 빠끔히 떴다가 다시 감았다. 사방이 다 피곤한 분위기였다.

"무얼 드릴까요?"

앞치마를 두른 주인장 여인이 내 앞에 와서 물었다.

"카페. 그리고 포도주 한 잔."

뒤돌아서는 그녀에게 덧붙였다.

"맥주 한 잔도 추가 부탁합니다."

바 공간으로 들어간 여인이 곧장 맥주와 포도주 한 잔을 가져왔다. 단숨에 입 속에 털어 넣었다. 한 달 만에 처음으로 다시 마셔 보는 술이었다. 이어서 커피가 나왔다. 커피가 너무 뜨거웠다.

"포도주, 맥주를 한 잔씩 더 주실 수 있을까요?"

"물론이죠."

미지근하게 된 커피를 마저 마신 뒤, 카페를 나섰다.

느티나무 밑 문방구 오른쪽으로 공설 운동장이 있었다. 평일 저녁시간이었으므로 텅- 비어 있었다. 운동장 안으로 들어서니, 나 혼자였다. 하얀 선이 그어진 육상 트랙 위를 걸었다.

느려 터진 걸음걸이로 천천히 앞으로 나가면서, 숨이 턱에 받치게 달리는 육상선수를 상상했다. 이를 악물은 표정, 헐떡거리며 테이프를 끊는 우승자의 고통스러우면서도 성취감에 들뜬 얼굴. 심호흡을 했다. 이 세상의 모든 산소를 나의 폐 속에 다 담으려는 사람처럼 깊이 호흡했다.

'아, 세상으로 나가야지!'

마음으로는 마라톤선수를 따라가야 한다고 생각했다. 그러나 폐쇄병동에서 시든 몸은 내 말을 듣지 않았다.

'큰일이네!'

다른 사람에게 말하는 것처럼 내가 나에게 말했다. 운동장 안으로 어둠이 내려왔다. 폐쇄병동으로 돌아가야 할 시간이었다.

떼제 수도원

폐쇄병동에서 퇴원했지만, 호텔 일에 복귀하지 못했다. 주치의, 아내, 교회 목사님, 친지들이 나의 상태가 아직 위험하다고 판단했기 때문이다.

"수도원에 가서 마음을 추스러 보십시다."

'떼제(Taizé)' 수도원에 갈 때쯤의 상황이었다. 여기서 장수사 님을 만났다. 떼제 공동체는 스위스가 가까운 프랑스 땅이다. 나중에 알게 되었지만, 떼제 공동체가 프랑스에서는 아주 잘 알려져 있어서 파리에서 직행하는 고속열차(TGV)도 있었다.

나는 인근 도시 '디종(Dijon)'에서 하룻밤을 지낸 뒤, 지방 열차를 타고 갔다. 기차는 '마꽁(Macon)역'까지 이어졌고, 그곳에서 지방 버스를 타면 떼제에 갈 수 있었다. 가는 길의 곳곳에 수백 년 전부터 수도승들이 기거하던 장소라는 표지판이 많았다.

떼제는 아름다웠다. 야트막한 언덕과 평야가 공동체 앞으로 펼쳐져 있었다. 평화로운 전원 풍경이었다. 겨울철인데, 파란 풀들이 들판에서 자라고 있었다. 기도실, 식당 그리고 숙소들은 종탑을 중심으로 흩어져 있었다. 새벽부터 하루에 몇 번씩 낭랑한 종소리가 울렸다.

장수사 님의 안내를 받아 숙소를 배정 받았다. 당시 화폐 단위로 하루 10프랑[5]. 숙소와 식사를 포함한 가격이다. 이날부터 한 달 동안 장수사 님

---

5 지금의 1.6유로는 한화 2천 원.

과 떼제에서 생활했다. 어느 날, 그가 말했다.

"떼제 공동체에 제가 꼭 오고 싶어 했던 것은, 이곳이 초교파라는 특성 때문이었습니다. 이곳에는 100명의 수사님들이 같이 생활하는데, 가톨릭, 기독교를 초월합니다."

당시 한국인으로서는 장수사 님과 기독교 목사 출신의 또 다른 수사님 등 두 명이 있었다. 한국인 수녀님은 여러 명이었다.

공동체에서의 하루는 기도와 명상으로 시작되었다. 이 모두가 각자의 희망에 따라 진행되는 것이 인상적이었다. 식사는 간소했지만, 맛이 좋았다. 식사 준비와 마무리는 수녀님들이 자원 봉사자들과 즐겁게 노래하며 일했다.

기도실에서 많은 동유럽으로부터의 젊은이들을 만날 수 있었다. 자유화 물결이 막 펼쳐지는 시기의 그들은 서유럽 사람들보다 더 순수하고, 더 종교적으로 느껴졌다. 폴란드 출신의 '장 폴 2세'가 264번째의 교황일 때 이기도 하다.

때때로 장수사 님이 새 숙소로 찾아와서 대화했다. 장수사 님이 운전하는 자동차로 주변 시골 마을을 구경하기도 했다. 어느 날, 공동체 수사님들 사이의 인간관계에 대한 설명도 들었다.

"100명의 수사님들은 국적, 인종, 출신이 다 다릅니다. 초교파이니까요. 하나님에게 몸을 맡긴 수사님들이지만, 인간은 인간입니다. 때때로 우리들 사이에서도 불화, 시기, 질투 같은 감정을 볼 수 있었습니다."

언덕 아래 자락에 작은 오두막이 하나 있었다. 하루에 1시간씩만 열리는 매점이다. 판자를 얼기설기 엮어서 세웠는데, 오두막 이름이 적은 나무판이 붙어 있었다. '사파리'이던가, 아프리카를 상징하는 이름이었다는 것만 생각난다. 이곳에서 한 사람에 딱 한 잔씩의 포도주를 팔았다. 오후 산책길에 들르는 나의 단골 매점이 되었다.

그로부터 몇 년 후이던가. 장수사 님이 몽마르트르 물랭호텔을 방문하여 짧은 만남을 가졌다. 후에 장수사 님은 떼제를 떠나 귀국하여, 한국에서 공동체 일을 하고 있다는 소식을 들었다.

아름다운 분과 보낸 떼제에서의 추억이다.

2. 화가&작가-미하엘 박 님

살다 살다 이렇게 착한 사람을 만난 기억이 없다.

'미하엘 박'을 기억하자면, 과거 속의 흥부가 환생하여 돌아온 것 같은 착각을 가지게 한다. 내가 살면서 만난 사람들 중에 '가장 흥부를 닮은 21세기 흥부'가 바로 그이다.

한인 혈통이기는 하지만, 그는 러시아 국적이며 모스크바에 산다. 고려인 (카레이스키)으로 불리는 재러 교포 5세로, 1949년생이니까 올해 만 일흔 살이다. 미하엘 박이라는 이름 자체가 그가 살아온 인생역정을 상징한다.

그와 대화하면서 얼굴을 가만히 살펴보자면, 미하엘 박의 선조들이 살아온 모든 고난의 역사와 멍에가 고스란히 녹아 있음을 알 수 있었다. 한반도에서 우리 세대가 겪은 역사도 전쟁, 격변의 상황이지만, 미하엘 박의 가족이 지나쳤어야 할 역사는 차원이 다르다. 더 혁명적이고, 더 드라마틱했을 것이다.

그가 살아온 나라들의 이름 자체가 여러 번 바뀌었으니, 그 혼란을 추측할 만하다. 우리는 한반도 안에서의 일이지만, 미하엘 박의 경우는 한때 지구에서 가장 넓은 영토를 가졌던 러시아, 소련 연방, 다시 러시아의 이름을 가졌으니, 여러분의 상상에 맡긴다. 그를 생각할 때마다, 내가 나에게 묻는다.

'어찌 저토록 평화로운 얼굴을 가질 수 있을까? 남의 나라 땅에서, 맨몸과 맨손으로, 극단적인 고난의 역사를 대대로 살아왔을 사람의 얼굴이?'

독특하고 특이한 DNA를 가져서일까? 이해할 수 없다. 우리는 다 같이 한국인 혈통을 가진 사람들인데 말이다. 나 또한 한반도를 떠나 다른 나라, 다른 대륙에서 살아온 사람이다. 한국 사람이 자기 나라를 떠나 남의 나라에서 사는 어려움을 내 몸으로 겪고 경험한 사람이기는 하다.

그러나 미하엘 박의 선조와 그 가족이 겪었을 어려움과는 비교가 안 된다. 예를 들자면, 나의 경우는 고작 반세기도 안 된다. 또 내 세대에 국한되었고, 민주주의 나라에서만 살았다. 여러 가지 면에서 미하엘 박과 그의 선조가 살아왔을 세상과 나의 세계는 거리가 멀다.

그는 '우즈베키스탄'에서 태어났다.

그의 선조의 선조는 이조시대 함경도 출신의 조선인일 가능성이 높다. 국경을 넘어 다른 나라에 가서 살겠다고 하는 사람들의 이유와 배경은 각자 다 달랐을 터이다.

미하엘 박의 5대 선조가 왜, 어떻게, 무슨 사연이 있어서 러시아 땅으로 흘러갔는지, 우리는 알지 못한다. 전쟁, 부패, 탐관오리, 흉년, 가뭄 등을 피하여 국경을 넘었으리라고 추측할 수 있다. 그는 말한다.

"저의 할아버지의 할아버지는 156년 전인 1863년, 러시아 연해주로 이주했다고 합니다."

미하엘 박 자신이 살아온 나라들을 살피자면, 혼란을 피할 수 없다. 우즈베키스탄, 타슈켄트, 카자키스탄 등 나에게는 매우 생소한 나라들의 이름이 수도 없이 쏟아져 나온다. 세계지도를 펴놓고 한참 들여다보아도 이해가 힘들다.

우즈베키스탄에서 태어난 그는 타지키스탄 두샨베 미술대학을 다녔다. 이후 그는 과거의 소련 연방공화국 여러 나라를 오가며 자랐고, 살았고, 공부하고, 일했다. 미하엘 박은 나에게 그가 살아온 이런 나라, 저런 나라

· 몽마르트르 물랭호텔 1 ·

미하엘 박이 순식간에 그린 스케치화. 그는 마음이 따뜻한 화가였다.

에 대해서 설명해 주었지만, 그런 나라들은 나에게 그저 막연한 나라들일 뿐이다.

그의 가족사는 19~21세기 현대사와 맞물린다.

소련이 막강할 때, 이 나라들은 모두 소련 연방의 한 지역들에 지나지 않았다. 러일전쟁 때 조선은 일본 식민지 치하였기 때문에 더했을 것이다. 2차 대전 때 소련은 한국인을 일본인과 마찬가지로 취급하여 강제 이주시킨 역사를 가졌다.

그의 인생은 태어날 때부터 이와 같은 현대사의 한 부분이다. 그의 호적을 떼어 본다면, 가족관계, 국적 등이 매우 복잡할 것이 분명하다. 그는 그렇게 태어났고, 그렇게 살아왔고, 살아가고 있다. 태생은 물론이고 지난 70년의 삶 자체가 이 역사적 모순 속의 한 가장자리에 존재하는 것이다.

그의 한국 사랑이 놀랍다.

한국어 배우기도 열심이고, 한국에 자주 가서 전시회도 하고, 한국에서 소설책을 출판했다. 한국 작가의 작품을 러시아말로 번역도 하고 또 그 반대의 번역도 하고 있다. 번역 작품이 윤후명, 이문열 작가의 소설들이라고 소개하면 이해가 빠를 것이다. 마치, 150년 전의 선조들이 한반도를 떠나서 생긴 공백을 한꺼번에 메우려는 노력처럼 보인다.

대중적인 인지도가 높지 않아서 그렇지, 그는 한국에서 이런저런 상을 여러 개 받았다. '재외 동포 재단 및 펜클럽 문학상(2001)', 'KBS 예술문학상(2007)' 등이다.

자, 이제 미하엘 박과의 인연을 소개할 순서이다.

지금 그의 주소지는 모스크바이지만, 나와의 전화 통화를 기준으로 보자면 한국과 러시아에서 거의 절반씩 나누어서 생활하고 있다.

물랭호텔 시절, 새벽에 그의 전화를 자주 받았다. 한참 뜸을 들이고 난 다음에 그는 말한다. 약간 서투르고, 러시아 발음이 섞인 한국말이다.

"안-녕-하-시-죠?"

미하엘 박은 두 따님을 두었는데, 두 명의 한국 사위를 얻었다. 한 따님은 한국, 다른 따님은 모스크바에 산다고 한다. 아 참, 한 따님과의 추억이 있다. 남편 따라 그 따님이 벨기에에서 살 때다. 잠깐 파리 방문길에 물랭호텔에 들른 적이 있었다. 그때, 유창한 한국말 실력에 우리가 혀를 내둘렀다. 내가 물었다.

"아니, 어떻게 그리 한국말을 잘하십니까?"

"연세대 학당에서 1년 배웠습니다."

"1년 만에 한국어를 마스터?"

따님의 어머니, 그러니까 미하엘 박 씨의 부인은 피아노교수이다. 모스크바의 한 음악대학에서 일한다고 했다. 부인은 전혀 한국말을 못했다. 미하엘 박 씨와 똑같은 러시아 한인 교포인데 말이다. 부인과 대화할 때는, 미하엘 박 씨가 통역자였다.

미하엘 박 씨를 나에게 소개해 준 사람은 작가 윤후명 씨이다. 카자흐스탄에서 가장 큰 도시 '알마타(Almaty)'에서 윤후명 씨가 10달 동안 머무를 때, 많은 도움을 주었다는 사람이 바로 미하엘 박 씨이다.

2010년이던가, 물랭호텔에서 '미하엘 박 그림 전시회'를 가졌다. 전시회 개막 파티에 100여 명의 파리 교민, 호텔 고객이 참석했다.

이 전시회를 위하여 모스크바에서 동행한 피아노, 바이올린 2중주 연주자 두 명이 훌륭한 음악을 선물하여 주었다. 그림과 음악이 앙상블로 어우러지는 멋진 저녁이었다. 호텔 고객은 물론이고, 파리 교민들이 감탄했다.

이 모임이 얼마나 인상적이었던지 그 후 어떠한 성격의 모임을 조직하더라도, 나는 꼭 음악과 함께했다. 참석한 사람들의 만족은 물론이고, 나부터 행복했다. 음악이 울려 퍼지는 공간과 아닌 공간은 하늘과 땅 차이였다.

근사하고 행복한 음악과 그림의 저녁을 보낸 후, 한식 뷔페로 샴페인과 포도주를 나누어 마셨다. 두 따님 연주자를 동행한 어머니에게 감사했다.

"덕분에 오늘 저녁이 더욱 빛날 수 있었습니다."

연주자들의 어머니가 말했다.

"미하엘 박 님 내외분에게 우리 아이들이 진 신세를 갚을 수 있어 저희가 감사합니다."

이 경험을 통해서 미하엘 박 씨 내외가 모스크바에 유학하는 한국인 음악 꿈나무들에게 얼마나 많은 도움을 주고 있는지 이해할 수 있었다.

'한 화가의 전시회를 위하여 모스크바에서 파리까지 동행한다?'

미하엘 박 씨의 '남 돕기 잘하고, 남 돕기 좋아하는 따뜻한 심성'이 가슴에 닿아 왔다.

개막식 며칠 후, 작가 황석영 님과 미하엘 박 씨가 물랭호텔에서 마주쳤다. 황 작가는 그의 그림을 두 점 구입했다. 미하엘 박 씨가 두 번째 파리를 방문했을 때이다. 그가 말했다.

"제가 미대를 나오지 않았습니까. 젊었을 때부터 얼마나 파리에 오고 싶어 했겠습니까. 몽마르트르에서 전시회를 할 수 있으니 너무 고마워요."

행복해하는 표정 역시, 그의 얼굴은 영락없는 21세기형 흥부였다. 한번은 이런 통화도 했다.

"저, 미하엘 박입니다. 안-녕-하-시-죠?"

"언제 파리에 다시 옵니까?"

"하하, 마음이야 당장 가고 싶죠."

상상컨대, 파리를 다시 방문하고 싶은 마음을 전화 대화로 달래는 것으로 이해하였다. 내가 물었다.

"어디시죠?"

"아, 모스크바입니다."

또 어떤 때는, 이런 대답도 했다.

"한국입니다. 박경리 씨 문학 박물관에서 방을 하나 제공하여 주셔서 여기서 글을 쓰고 있습니다."

그렇다. 그는 미대를 나와 그림을 그리지만, 글도 열심히 쓴다. 이런 설명도 했다.

"제 글이 카자흐스탄의 교과서에 실렸습니다. 제 작품을 주제로 한 박사 논문도 여럿 나왔고요."

나는 현대 러시아 문학에 문외한이다. 러시아문학은 한국에 소개된 작품도 적다. 미하엘 박은 러시아 문화권에서는 많이 알려진 작가로 이해했다. 그가 러시아에서 받았다는 문학상이 여럿이다.

내가 이 세상에서 만나 본 사람 중에 가장 흥부에 가까운 한국인, 미하엘 박. 어찌나 전화 통화를 많이 나누었던지, 문득 전화벨이 울리면 미하엘 박 전화를 연상하는 습관이 생겼다.

참 좋은 사람, 미하엘 박.

그에게 미안할 일이 있다. 파리의 물랭호텔 간판을 내려서이다. 그를 위한 전시회를 다시 물랭호텔에서 더 열 수 없게 되었다. 그러나 다른 전시장이면 어떠랴. 파리에서 미하엘 박 씨의 전시회를 가지는 데 내가 도울 수 있다면, 행복할 것이다.

남 돕기를 좋아하는 그의 인성을 나도 뒤따라 해 보고 싶다.

3. 미래 프랑스 수상감 쎄드릭 오 씨
그리고 그의 아버지

―

2019년 3월 말, 프랑스는 새 '디지털 장관(Secretaire d'etat-Numerique)'을 임명했다. 일간지 정치, 사회, 경제면은 이 사람에 대한 소개를 쏟아 냈다. 내용이 좀 이례적이었다.

첫째, 우선 그를 소개하는 기사들이 아주 길었다.

둘째, 전에 볼 수 없이 기대, 칭찬이 대단히 많았다.

그의 이름이 '세드릭 오(Cedric O)'이다. 관련기사를 읽고 무심히 신문을 덮은 뒤, 신경이 쓰였다. 아침식사를 하면서 곰곰이 생각해 보았다.

'어디서 본 얼굴? 귀에 익은 이름인데? 누굴까?'

시작은 호기심에서 출발하였다.

'성이 오씨? 한국 성이잖아?'

한국인과 프랑스인 얼굴이 섞였지만, 어디서 많이 본 얼굴 같기도 했다.

'오씨라…!'

관련기사를 읽으면서, 더 혼돈에 빠졌다.

'리옹? 과학자 한국인 아버지? 교직자 프랑스 어머니?'

집히는 데가 있어, 더 근질근질했다.

- 능력 짱
- 인성 풍풍

'혹시 리옹의 오 박사 아드님?'

그러나 프랑스 신문 어디에서도 세드릭 오의 부친 이름은 나오지 않았다. 수소문해 보았다. 반나절 만에 마크롱 개각의 핵심 디지털 장관 세드릭 오가 오 박사의 2세라는 것을 확인할 수 있었다.

그러나 오 박사는 한국으로 귀국하여, 소식이 끊어진 지가 오래전이었다. 이메일 주소가 남아 있어 오 박사에게 축하 이메일을 보냈다. 시차 때문에 하루 지나 한국에서 회신이 왔다.

"안녕하세요? 정말 오래간만에 소식을 접하네요. 잘 계시지요? 축하해 주셔서 감사합니다. 많은 분들이 도와주셔서 잘되고 있는 것 같아요. 건강히 지내시고, 저도 가끔 소식을 접하고 싶네요."

아, 오 박사. 추억은 오 박사가 리옹에서 살 때다. 그가 말했다.

"리옹으로 내려오시죠. 파리보다 여러 가지 환경이 좋습니다. 저의 리웅 생활이 수십 년이니, 도와드리고 싶습니다. 프랑스인 친구들이 많으니까요."

나 또한 파리를 정리하고 리옹에 정착하여 볼까, 검토한 적도 있었다. 오 박사가 믿음직했고, 파리보다 덜 북적대는 리옹 생활은 어떨까, 고민했다. 그러나 2세 교육 때문에 포기했다.

어느 해이던가, 한국 KLPGA[6] 임원이 파리를 방문했다. 물랭호텔에서의 식사 자리에서 이분이 말했다.

"꿈나무 골퍼들의 애로 사항이 많습니다. '박세리 키드'가 되려면, 하루 36홀 연습이 기본입니다. 이것을 받아 주는 골프장이 한국에는 없습니다. 호주, 베트남으로 많이 갑니다. 고생이 많죠. 프랑스 전지훈련 가능성을 보러 방문했습니다."

오 박사와 의논하니, 리옹을 적극적으로 추천했다. 그러나 언어문제, 교육문제, 프랑스의 겨울 내내 비가 오는 날씨 등 때문에 성사되지 못했다. 오 박사는 꿈나무 골퍼 대신, 아들 꿈나무 키우기에 성공하였으니, 더 보람이 클 것이다.

프랑스 장관님의 아버지 오영석 씨는 장차 프랑스 수상 또는 프랑스 대통령의 아버님이 되실 수 있기를 기원한다.

---

6 한국 여성 프로 골프협회.

이야기 16

프랑스 사람

1. 109명의 게노 씨를 찾아서

—

70년대 중반, 파리에 도착한 첫해의 성탄절 휴가 때다. 우리 가족은 프랑스 중부 지방 도시 '그르노블(Greboble)'에 갔다. 한국에서 만났던 프랑스 사람 '게노' 씨를 찾아서였다.

내가 그에 대해서 기억하는 것은 두 가지뿐이었다.

게노라는 이름을 가졌다는 것,

그르노블이라는 도시에 살았다는 것.

그르노블에 가면 쉽게 게노 씨를 만날 수 있을 것이라고 생각했다. 큰 실수였다. 서울 가서 김 서방 찾는 격이었다. 프랑스에 대해서 아는 게 없어, 내가 착각했던 것이다.

그르노블에 도착해서 우선 전화번호부 책부터 들쳐 보았다. 수많은 게노 씨가 등장했다. 헤어진 지 몇 년이 지나, 나에게는 주소나 전화번호도 없었다. 서울에서 그를 만날 때만 해도, 훗날 내가 프랑스에 와서 살게 되리라고는 상상할 수 없었다.

'살아생전에 언제 내가 프랑스 땅에서 살게 되겠는가?'

그런 생각을 하며 살았다. 서울에서 내가 한 일들도 프랑스와는 거리가 멀었다. 게노 씨와의 추억 또한 그때의 우리에게는 구름과 같은 존재였다.

서울에서 만날 때, 게노 씨는 우리 부부를 동생이나 친구처럼 대해 주었다. 프랑스에서 첫 성탄절 휴가를 맞았을 때, 게노 씨를 찾아 나선 것은 우리 가족에게 당연한 의무와 같은 것이었다.

전화번호부에서 게노 씨 찾기에 실패한 후, 전화국에 문의했다. 대답의 내용이 더 절망적이었다.

"그르노블에 게노 씨는 모두 109명입니다."

더 난감했다. 파리에 다시 돌아가서 다른 방법을 찾기로 했다.

그를 처음 만난 것이 60년대 말, 첫 직장인 신문사 생활을 할 때이다.

· 이야기 16 프랑스 사람 ·

입사 때부터 나는 프랑스 유학을 꿈꾸었다. 낮에는 기자 생활, 밤에는 다시 '알리앙스'에 다녔다. 이를 위하여 부서도 일부러 내근하는 편집부를 지망했다. 외근 기자 생활을 시작하면, 밤과 낮이 따로 없이 일하여야 했기 때문이다.

초기의 알리앙스는 을지로 6가 4층짜리 건물에 세 들어 있었다. 초급, 중급 고급으로 나뉘어졌는데, 회화반은 고급반에 속했다. 수강생이 10명이 안 되었다.

프랑스 대사관은 '주한 프랑스인을 위한 칵테일 파티'에 알리앙스 회화반 수강생들을 초대하는 특혜를 베풀었다. 한국에 거주하는 프랑스인이 100명 수준일 때인데, 가톨릭 신부님, 수녀님 수가 대부분을 차지했다. 이 자리에서 예상치 못했던 분을 만났다.

"아니, 교수님!"

허문강 교수님이다. 허 교수는 서울대에서 프랑스 문학을 전공했다. 프랑스 유학 때, 불문학과 인류학, 두 개의 박사학위를 받았다. 귀국 후 고려대 불문과 교수로 재임했다.

"아, 반갑네. 이분과 인사를 나누시지."

허 교수님이 소개하는 프랑스인과 인사를 나누었다. 그가 말했다.

"저는 팔당에서 수력발전소 건설을 하고 있는 소장 누구누구입니다."

팔당 수력발전소가 '한전(한국 전력)'과 프랑스의 합작으로 건설되고 있다는 것을 그때 처음 알게 되었다. 이 프로젝트의 프랑스 측 책임자가 게노 씨였다.

이후, 게노 씨와 그 가족, 그리고 그와 함께 일하는 프랑스 근무자들과 가깝게 지냈다. 팔당에서 서울에 나오면 게노 씨가 나한테 연락을 해서 만났고, 팔당에 가면 게노 씨가 우리를 맞아 주었다. 팔당 주변이 논밭일 때다.

댐 밑으로 폭포처럼 떨어지는 물속에서 팔뚝만 한 물고기가 펄쩍펄쩍─ 뛰어올랐다. 여기서 잡은 물고기로 매운탕을 끓여 주는 식당이 많았다. 얼큰한 매운탕에 소주 한 잔 맛이 그럴싸했다.

댐 건설이 한창일 때는 부인이 즉석 프랑스 요리를 내왔다. 금박지에 싼 생선을 오븐에 익힌 구이 음식이었다. 프랑스 포도주를 곁들여 먹는 생선 맛이 좋았다.

공사가 거의 다 끝나자, 부인과 프랑스 근무자들이 먼저 본국으로 돌아갔다. 게노 씨 혼자 남아 동네 아주머니 파출부의 도움을 받아 몇 달 동안 생활했다. 이후, 더 자주 만나게 되었다. 미스코리아 선발대회 구경도 같이 가고, 북창동 재즈클럽 구경도 함께 했다.

드디어 팔당 발전소의 건설이 완전히 다 끝나, 게노 씨가 귀국하게 되었다. 한국을 떠나기 바로 전날, 조선호텔 프랑스 식당에 우리 부부를 초대했다. 서울에서는 유일한 프랑스 식당이었다. 기자 신분으로 조선호텔에서 취재한 경험은 있었지만, 프랑스 식당에 들어가 보기는 처음이었다. 달

팽이, 거위 간 요리도 생전 처음 맛보았다. 게노 씨가 말했다.

"무슈 신의 꿈은 무엇인가요?"

내가 말했다.

"프랑스 유학이죠."

"그래요?"

"신문사 입사할 때는 기자생활을 딱 1년만 하겠다고 했는데, 그냥 몇 년이 흘러갔습니다. 마음 다잡고 유학준비를 해야 하는데, 한국에서는 프랑스 유학 가는 절차가 복잡합니다."

"어떻게 복잡하죠?"

"유학시험, 보증인, 경제적인 문제."

"제안 하나 할까요?"

"네?"

"초청장을 보낼 터이니 그르노블로 오세요."

"?"

"저희 집에 와서 묵으면서 공부하실 수 있습니다."

"아이쿠, 감사합니다."

감사는 했으나, 그때 나는 이를 비현실적인 제안으로 생각했다. 그의 제안이 그냥 한국을 떠나는 사람의 친절한 덕담으로만 이해했다.

이 식사자리에서 나눈 대화 중에 또 기억나는 게노 씨의 설명이 있다.

"서울에서 파리까지 24시간이 걸립니다."

그때, 프랑스는 멀고도 또 먼 나라였다. 파리에 가려면 알래스카를 거쳐야 했다. 직항도 없었다. 서울, 동경, 알래스카를 거쳐야 파리에 갈 수 있었다. 그가 말했다.

"서울, 동경 2시간이고요. 동경에서 한참 쉬다가 동경, 알래스카 또 쉬다가 알래스카, 파리입니다. 24시간, 만 하루가 걸리죠. 제가 아이디어 하나를 짜 보았습니다."

"?"

"'나는 계속 잠을 자야 하니 깨우지 말라!', 이런 메시지를 목에 걸고 잠을 자렵니다."

"하하, 재미나는 아이디어네요."

식사가 다 끝나서 계산을 할 때, 내 입이 떡- 벌어졌다. 식사비가 2만 몇 천 원, 내 월급이 8천 원일 때다. 세 달 치 월급이 한 끼 식사로 날아간 것이다. 기분 좋게 마신 포도주가 다 깨는 기분이었다. 아니면, 더 취했는지도 모른다.

다음 날, 게노 씨는 프랑스로 떠났다.

그가 떠난 후, 서로의 연락은 끊어졌다.

신문사 일이 바빴고, 게노 씨에게 영어나 불어로 편지를 쓴다는 것이 생각만 해도 골이 지끈지끈— 했다. 또 한편, 알고 지내던 프랑스 사람에게 신세 지며 프랑스 간다는 것이 꺼림직했다. 차일피일 미뤘다.

동아일보 신춘문예에 가작으로 뽑힌 후, 신문사를 그만두고 덜 바쁜 직장으로 옮겼다. 그해 연말, 1년 내내 열심히 글을 써서 신춘문예에 10개를 응모했다. 소설, 희곡, 동화, 시나리오, 닥치는 대로였다. 결과가 참담했다. 모조리 다 떨어졌다.

'왜일까?'

머리를 싸매고, 고민했다. 결론은 이랬다.

'우물 안 개구리로 살았다.

좁은 공간에서 좁은 생각만 했으니, 제대로 된 작품이 나온다는 것 자체가 허황된 꿈이다.

너른 세계로 나가야 한다. 많은 경험을 하여야 한다.

그러려면?'

마침, 아내가 일하던 회사가 중동에 나가 일할 사람을 구했다. 기자 출신이 건설회사에 지원하니, 특이한 지원자로 분류했다. 취직이 되었다. 첫 근무지가 사우디아라비아 젯다였다.

이 몇 년 동안 게노 씨와는 연락이 없었다. 후에 만나서 들어 보니, 그 또한 아프리카에 가 있었다.

사우디에서 일할 때, 조선일보 신춘문예에 희곡 〈우물 안 개구리〉가 당선되었다. 소설, 희곡, 동화, 시나리오, 다 던졌는데, 희곡이 뽑혔다.

한편, 근무하던 우리 회사가 프랑스회사 설계의 '사우디 체신부 청사 건설 공사'를 따냈다. 이 입찰 심부름을 하느라, 파리를 자주 드나들었다. 파리 주재원으로 발령이 났다. 설계회사와의 협조를 위해서였다. 주재원생활을 시작하면서, 파리에서 가족과 재회했다.

파리에 도착하여 보니, 불문과 선배, 동창들이 유학생으로 공부하고 있었다. 많은 도움을 받았다. 파리에서 가장 먼저 생각 난 사람이 게노 씨였다. 팔당에서의 나눈 우정이 새롭게 추억되었다. 조선호텔에서의 멋진 식사, '초청 유학' 제안에 감사하고 싶었다.

게노 씨와의 재회를 도와준 사람은 대학 선배 강거배 씨이다. 강 선배는 프랑스 문화원, 대사관 근무 경력을 가졌다. 그르노블대학 석사, 파리에서 박사학위를 받았다. 나의 고민에 조언해 주었다.

"주한 프랑스 대사관에서는 한국에서 거주한 모든 프랑스 사람들의 연락처를 다 보관하고 있습니다."

"게노 씨 연락처를 알 수 있을까요?"

며칠 후, 강 선배가 전화했다.

"주한 프랑스 대사관으로부터 게노 씨 연락처를 받았습니다."

"감사!"

그때는 이메일이나 핸드폰이 없을 때였으므로, 편지를 보냈다. 며칠 후, 게노 씨로부터 연락이 왔다.

"다음 주 출장 가니, 파리에서 만납시다."

"반갑습니다."

만나니, 감회가 각별했다. 아프리카의 몇 나라 건설소장을 거쳐, 그는 그르노블에서 본사 근무를 하고 있었다. 게노 씨가 말했다.

"지난번에 허탕을 치셨다니, 부활절 휴가 때 그르노블에서 만납시다."

"이 또한 감사!"

부활절 때, 우리 세 가족이 다시 그르노블에 갔다. 107명의 가짜 게노 씨가 아닌, 109번째의 진짜 게노 씨를 만나게 된 것이다.

그르노블은 알프스 산과 맞닿는 여러 개의 병풍 산에 둘러싸인 도시이다. 산에 올라가니, 4월인데도 눈이 쌓여 있어 스키를 타고 있는 별세상이었다. 부활절에 눈 덮인 산 풍경이 신기했다. 게노 씨의 추천에 따라 해발 2천 미터 높이의 스키장 '샹후쓰(Chamrousse)'에 호텔 방을 잡았다.

게노 씨 부부와 우리는 식당 순례에 디스코텍까지 방문하는 즐거운 일정을 보냈다. 게노 씨의 아들과 우리 아들이 나이가 같았다. 눈썰매 친구가 되어서 신나는 2박 3일이었다. 게노 씨는 그르노블과 수력발전소에 얽힌 역사를 설명해 주었다.

"그르노블은 산이 많아 물이 풍부한 지리적 특성이 있습니다. 수력발전소를 발명하게 된 배경입니다."

그의 설명이 이어진다.

"자자손손 고향 땅 그르노블에서 제가 수력발전 엔지니어링을 전공한 것은 당연한 일이었죠. 수력발전소는 개발도상국에서 많이 건설합니다. 한번 나가면 몇 년씩 현장생활을 해야 하죠. 저희 집에는 '알제리아' 태생의 장모님이 계십니다.

노령이셔서 건설현장에 모시고 가서 생활할 수 없어요. 그동안 한국 유학생 한 분이 저희 장모님과 생활했습니다. 한국 분들은 공부도 열심히 하고, 노인을 존중하는 좋은 전통을 가졌습니다. 장모님이 만족해하십니다. 저희가 한국 사람들에게 많이 감사하는 이유입니다."

서울에서 게노 씨가 나에게 제안했던 '초청 유학생'의 진심을 이해할 수 있었다. 지금 그는 어디서 무엇을 하고 있을까.

2. 변호사 에티엔 리옹데 씨

―

1976년, 프랑스 땅에 처음 도착하니 생소한 일들뿐이었다.

교과서에서 배우고, 문학책에서 읽던 프랑스와는 많이 차이가 났다. 모든 게 다 낯선 땅이었다. 그중 가장 복잡하고, 난해한 것이 프랑스 법이었다. 이해하기 힘들었다.

주재원으로 발령을 받아 도착했으니, 합법적인 체류문제 해결이 코앞에 떨어졌다. 한국에서 미리미리 장기 체류가 가능한 비자를 발급받고 왔어야 마땅했지만, 당시 한국회사의 관행은 '일단 현지에 투입 후, 본인이 알아서 현지에서 해결'이라는 공식을 따랐다. 발등에 불이 떨어진 것이 바로 나였다.

본사 명령과 지시를 받아 정신없이 일하면서, 짬짬이 체류문제를 알아보았다. 앞이 캄캄했다. 나 혼자의 힘으로는 도저히 해결할 수 없었다. 법을 대행해 주는 변호사의 필요성을 처음으로 절실히 느꼈다.

일하던 회사 사장님의 영향도 컸다. 재미교포 출신의 사장님은 외국회사와의 회의 때 꼭 변호사와 동행했다. 영화 〈대부〉가 새삼스럽게 생각났다.

이 영화 속에서 '말론 브란도(Marlon Brando)'와 '알 파치노(Al

Pacino)'는 어느 장소에 가던 꼭 변호사와 동행한다. 냉정하고 객관적인 변호사 연기를 한 '로버트 듀발(Robert Duvall)'이 인상적이었다.

이 두 가지의 기억이 나에게 영향을 미쳤다.

중요한 결정 때, 꼭 변호사의 의견을 존중하기로 한 것이다. 파리 생활 초기에 변호사 '에티엔 리옹데(Etienne Riondet)'를 만나 오늘까지 줄잡아 43년간 많은 도움을 받았다.

강거배 선배에게 부탁했다. 109명의 게노 씨 중에서 내가 찾는 게노 씨를 만날 수 있도록 도움을 준 대학 선배이다. 강 선배는 파리에서 박사학위 과정을 밟기 전에 주한 프랑스 대사관, 문화원에서 일한 경력을 가져서 프랑스 사람들 인맥이 넓었다.

"혹시 주변에 잘 아시는 변호사가 있을까요?"

강 선배가 말했다.

"군에서 막 제대하는 변호사 친구가 한 사람 있습니다만."

내 사정이 다급했다.

"소개해 주시면 감사하겠습니다."

우리 회사 사무실에 들른 강 선배가 통화를 하고 나서 말했다.

"며칠 날 몇 시에 어디로 가면 만날 수 있을 겁니다."

센강 '예술의 다리' 건너편 '요미우리 갤러리'에서 변호사 에티엔 리옹데 씨를 처음 만났다. 그 역시 그르노블 출신으로 게노 씨와 고향이 같다. 강 선배는 박사는 파리에서 했지만, 석사는 그르노블이다. 기숙사 생활 때, 룸메이트가 리옹데 씨였다.

당시, 프랑스는 군복무가 의무제였다. 지금은 지원제이다. 그는 법대를 졸업하고 변호사가 되었다. 군대에서 알제리아 주재 프랑스 대사관 법무관으로 일했다. 내가 그를 만난 것이 알제리아에서 파리에 막 도착한 직후이다. 작은 변호사 사무실에서 신참 변호사로 일을 시작했을 때다.

그로부터 지난 40여 년간, 우리는 한 달에 한 번씩은 꼭 만났다. 많이 의논하고, 많이 자문 받았다. 그는 우리가 프랑스 땅에서 살면서 어려운 일을 당할 때마다, 우리 가족을 위한 지킴이가 되어 주었다. 그가 자문해 주는 영역은 광범위했다.

많은 세월이 지나, 이제 그는 원로 법조인이 되었다. 법과 관련한 책도 여러 권 내고, 때때로 텔레비전 출연도 한다. 아, 참 깜빡- 잊을 뻔한 일이 있다. 젊은 날의 그 또한 문학 청년이었다. 소설을 세 권이나 출간한, 변호사 출신의 작가이다. 한때는, 출판사 대표직을 겸직까지 했다. 문학과 책을 사랑하는 변호사이다. 어느 해이던가는, 이런 제안도 했다.

"이번 여름, 뉴욕에서 문학 캠프가 열린다는데, 같이 갑시다."

물론 나는 못 갔다. 자영업 숙박업자로서는 불가능한 일정이었다.

그는 알프스 산동네인 그르노블의 농사꾼 8남매 중 막내이다. 오랜 세월 사귀며 보자 하니, 그는 너른 세상에 무한한 호기심을 가졌다. 동양에 대한 관심도 많았다. 변호사로서 그는 우리 같은 한인은 물론 중국인, 월남인, 일본인을 위하여 많이 일했다.

지난 주, 점심식사를 같이 했다. 프랑스 정치, 경제, 사회, 가족 이야기로 꽃을 피웠다. 대화하며 우리가 보내온 지난 세월들을 돌이켜 보자니, 한 편의 영화였다. 오랜 세월을 보내면서, 우리는 서로가 서로의 산증인이었다. 그가 없었다면, 오늘의 우리는 없다.

"Merci, Maitre Etienne(고마워요, 에티엔 변호사 님)."

3. 회계사 베르나르 씨

파리에 막 도착해서 주재원 생활 때, 식당에서 이런 이야기를 들었다.

"프랑스에서 세금 다 내면서 장사하면 망합니다. 매상의 60%를 세금으로 거두어 가니, 그 절반만 내고 장사해도 허리가 부러집니다."

이때는, '설마…' 하고 믿지 않았다. '주인장 양반이 좀 과장하시는구나'라고 생각했었다. 그러나 막상 내가 자영업자가 되어 보니, 정말 상황이 심각했다. 오래 전에 들었던 식당 주인장의 말씀이 새롭게 이해되었다.

프랑스는 개인마다의 급료에서 자동적으로 떨어져 나가는 세금이 대강 50%에 이른다. 사회보장세, 소득세, 주민세 등이다.

최근 신문기사에서 보니, 한국은 2018년 기준 20%라고 한다.

프랑스 1인당 개인소득이 2019년 현재 4만 3천 달러. 이 중 절반을 세금으로 내면, 호주머니 돈은 2만 1천 500달러다. 반토막이 난 결과이다. 한국의 3만 달러와 비교하자면 누가 더 잘사는 나라에서 사는 것인지, 헷갈린다.

프랑스는 세금이 센 만큼, 세무조사는 더 세다고들 말한다. 세무조사가 나오면 정말 머리부터 발톱까지 탈탈- 털린다는 식이다. 식당, 여행업을 하다 세무조사를 당해 본 교민의 증언이 있다.

"자식들 구좌까지 다 뒤집니다. 어마어마한 벌과금을 때리더라구요."

은행구좌가 차압되면, 현금으로 살아야 한다. 이는 현실적으로 불가능하다. 살아도 사는 것이 아닐 것이다. 식당, 호텔 자영업 30여 년 동안에 우리는 이런 조사를 안 당해 보았다. 자문 변호사 에티엔 씨도 놀란다.

"30여년 자영업에 세무조사 안 당했다는 경우를 본 적이 없는데요."

누구 덕분인가?

회계사 '베르나르' 씨 덕택이다.

1984년, 베르나르 씨를 처음 만났다. 지금은 아들 베르나르 씨가 배턴을 이어받았다. 자영업을 시작한 지, 얼마 후다. 너무 힘들어서 베르나르 씨에게 호소했다.

"호텔을 포기해야겠습니다."

"?"

의아한 표정으로 베르나르 씨가 우리를 보았다. 내가 말했다.

"아내와 둘이서 하는데도, 죽을 맛입니다. 일이 많은 건 둘째 치더라도, 잠을 못 자는 직업이니, 이게 사람이 할 일이 아닙니다."

아버지 베르나르 씨가 말했다.

"휴식이 지혜입니다. 건강이 뒷받침되어 주지 않으면, 자영업은 무너집니다. 알프스 산에 저희 가족을 위한 작은 콘도가 하나 있습니다. 1주일이고, 2주일이고, 교대로 쉬다 오면 어떻겠습니까?"

돌이켜 보자 하니, 아내가 일하면 나도 일했고, 내가 일하면 아내도 일했다. 숙박업이란, 24시간 영업이니까 24시간을 두 개로 나누어 같이 일했다는 이야기다. '죽을 맛'이 아니라, '죽을 짓'을 같이 한 셈이다. 처음에는 식당까지 같이 해서 더했다.

콘도에는 가지 못했다. 대신, 갔다 온 셈 치고 교대로 일하기 시작했다. 교대로 일하기와 교대로 잠을 자야 한다는 도움말을 받아들였다. 베르나르 씨는 같은 배에 탄 사람처럼 우리를 챙겨 주었다.

'다른 사람도 이 정도로 걱정하여 주는데, 우리가 더 분발해야지!'

반성하고 새로운 각오로 일을 다시 시작했다. 30여 년 전의 일이다.

베르나르 씨는 산악 걷기를 열심히 했다. 채식주의자이기도 했다. 독실한 가톨릭 신자였다. 보통 신자 수준을 넘어 남 돕기를 솔선했다. 부인 이안자 씨 또한 많은 한인들을 도왔다. 이분은 프랑스 법정 통역인 1호 타이틀을 가진 분이다.

베르나르 씨는 일흔 중반 나이에도 박사논문 두 개를 쓰고 있었다. 회계학, 법학박사에 이어 사회학, 인문학까지 박사과정이었다. '공부의 신'이 따로 없다. 어느 날, 내가 물었다.

"새 박사 주제는?"

"원만한 부부 인생 그리고 거리의 여자가 된 사람들이 어떻게 하면 정상적인 인간으로 돌아올 수 있을까에 대한 고민이지요."

그는 70대 중반 나이에 세상을 떠났다.

장례식 성당에 구름처럼 많은 사람들이 애도했다. 나처럼 신세 진 한인들이 많았다.

회계사 사무실을 개업하기 전, 그의 전직 직함은 국세청 감사관이었다. 회계 관련 일 처리가 매우 깔끔하면서 엄격했다. 나의 경우는, 한 달에 한 번꼴로 90분씩 그의 강의를 들었다. 회계에서 시작하여 프랑스 생활 지식까지, 방대한 공부였다. 베르나르 씨는 우리들의 프랑스 생활에 큰 형님이었다.

감사의 기도를 드린다.

"Merci Monsieur Bernard.

Maintenant, nous travaillons avec votre fils

(감사합니다. 베르나르 님.

지금 저는 아드님과 일하고 있습니다)."

이야기 17

이루지 못한 꿈-음악 기숙사

이루지 못한 꿈이 있다.

음악 기숙사이다. 피아노, 바이올린, 첼로를 전공하는 청소년, 미래의 꿈나무들을 위한, 이루지 못한 계획이다.

2014년, 음악 기숙사로 재건축할 건물을 찾아 나섰다.

여기서 등장하는 사람이 무슈 리[7]이다. 그는 6개월 동안 나와 함께 일했다. 처음 계획은 한 달이었다. 그러나 그가 기대했던 '프랑스 공무원 사관학교' 선발시험의 마지막 단계에서 성공하지 못하여 더 일하게 된 사연이 있다.

이 기간 동안 무슈 리는 물랭호텔 매각 이후의 계획과 관련한 조사, 보고 업무를 전담했다. 그 보고서의 내용이 너무 정교하고, 수준이 높아서 내가 감탄했다.

---

7 프라이버시를 위하여 이름을 바꾸었다.

1. 그와 함께 보낸 6달

—

몇 년이 지났지만, 때때로 지금도 나는 이 보고서를 꺼내 읽는다. 평생, 이만한 수준의 보고서를 만난 기억이 없다. 보고서라기보다 작품에 가까웠다. 그 내용 중의 하나가 '음악 기숙사'이다. 이를 위하여서는 두 개의 가능성을 놓고 진행했다.

우선, 물랭호텔을 매각하는 자금으로 헌 건물을 구입하여 재건축하는 경우.

또는, 현재의 물랭호텔 건물을 개보수하여 기숙사로 전용하는 경우.

그를 만나게 된 것은 파리 교민신문 《한 위클리》를 통하여서였다.

많은 유학생 근무자들을 같은 방법으로 만났다. 자영업 입장에서는 좋은 근무자를 만나야 성공할 수 있다. 작은 숙박업소 기준으로는 과다할 정도로 자주 그리고 큼지막하게 컬러 전면광고를 실었는데, 그만한 나 나름대로의 이유가 있었다.

우선, 많은 사람이 볼 수 있도록 큼지막해야 유능한 근무자를 만날 수 있다.

다음, 교민신문이 활성화될 수 있도록 작은 기여를 한다.

해외 한인사회에서 교포신문은 중요하다. 파리의 경우는 《한 위클리》가 그 역할을 하고 있다. 내가 좀 더 젊었더라면 아마도 함께 일을 하였을 것이다. 광고를 열심히 내는 것으로 이를 대신했다.

광고를 내어 보면, 크기가 작은 흑백인 경우는 지원자가 적었다. 반대로 컬러에 대문짝만한 전면광고를 때리면 우수한 지원자들의 이력서가 많이 도착했다.

숙박업이란, 사람과 사람이 만나는 공간이다. 인간적이며 우수한 근무자를 찾는 것이 중요했다. 그때도 많은 자기소개서를 받을 수 있었다. 그 중, 매우 독특한 제안을 하나 발견했다.

"딱- 한 달만 일하겠습니다."

한쪽에 치워 놓았다. 하루가 지난 후, 다시 꺼내서 들여다보았다. 들여다보니, 내용이 독특했다.

"저는 '공무원 사관학교(Ecole National Administration)' 2차 시험에 통과하여, 마지막 3차 통과절차인 인터뷰를 앞두고 있습니다.

합격하면, 한 달 후부터는 기숙사 생활을 합니다. 남은 기간 동안 귀 회사에서 일할 수 있기를 바랍니다."

첨부한 이력서를 자세히 살펴보았다.

그는 대학에서 수학을 전공했다. 컴퓨터를 잘 다루리라고 기대했다. 파리에서는 컴퓨터와 인터넷을 잘하는 근무자를 만나기가 어려웠다. 프랑스 유학생 중에는 예술, 인문 전공이 많다. 미술, 음악, 영화, 프랑스 문학 등이다. 요즘에는 패션, 미용 쪽도 많아졌다. 점점 더 인터넷, 컴퓨터가 중요해지는 현실과 잘 맞지 않는다. 무슈 리의 경우는 기대를 가질 수도 있겠다고 생각했다. 급히 연락해서 당장 만났다. 내가 물었다.

"지금 어디서 묵고 계시죠?"

그가 말했다.

"한인 민박집에 있습니다."

내가 제안했다.

"당장 짐 싸 들고 호텔로 들어오시죠. 함께 일할 프로젝트가 있습니다."

이날부터 '음악 기숙사' 일을 맡겼다.

함께 일하면서 알고 보니, 30대 초반 나이인데 직장 경력이 빵빵했다. 프랑스에서 제일가는 자동차회사의 경영분석실 근무가 8년이나 되었다. 이후 한국에 가서 5년을 있게 되는데, 그에게는 두 가지 목표가 있었다.

첫째, 아기 때 프랑스에 입양된 고아로서 한국 어딘가에 살고 있을 모친을 찾는 일이다.

둘째, 프랑스 외무성 외교관이 되는 꿈을 이루기 위해서 서울대 대학원에서 '한불 외교' 관련 석사학위를 따는 것이다.

그는 어려서부터 외교관이 되려는 꿈을 가지고 있었다. 어느 날, 이런 이야기도 나누었다.

"한국인 입양인 출신으로서 프랑스 외교관이 되어서 미래의 주 북한 프랑스 대사관 직원이 되면 할 일이 많지 않겠습니까?"

이 꿈을 이루기 위하여 그는 5년을 투자했다. 한국어 배우기에 2년, 법학 석사학위를 따는 데 3년이다. 이 모든 것이 프랑스 외교관이 되는 관문인 '공무원 사관학교'에 입학하기 위한 준비 과정이었다.

실제로 그는 2차까지의 시험에서 50등을 차지했다. 프랑스 공무원 사관학교는 해마다 80명씩 뽑는다. 이들은 수재 중의 수재들이다. 오늘날 프랑스에서는 대통령부터 장관은 물론이고, 국회의원, 공기업의 최고경영자가 모두 다 이 학교 출신들이다.

이 학교를 졸업하면, 프랑스 최고의 국가 공무원으로 가는 직행열차를 타는 것과 같다. 우리나라의 '고시 합격'과 비교할 수 있는데, 프랑스는 단 80명만 뽑으니 통과하기가 몇 배 더 힘든 시험이다.

개선문 앞 그럴싸한 건물

어느 날, 핸드폰 저쪽에서 무슈 리가 말했다.

"찾았습니다."

"?"

"음악 기숙사가 될 만한 건물을 찾았어요."

"아, 어디인지?"

"개선문 앞입니다."

"개선문?"

"위치로 보아서 이보다 더 좋을 자리는 없죠."

굉장한 발견이라는 생각이 들었다. 너무 좋으니, 다른 한편으로 켕기기도 했다. 이게 사실일 수 있을까? 기쁠 수 있을 것 같으면서도, 불안하기도 했다.

"지금 어디에 있죠?"

"바로 그 건물 앞에 복덕방 사람과 같이 있습니다. 곧 호텔에 들어가서 자세히 설명 드리겠습니다."

"알았습니다."

개선문에서 우리 물랭호텔까지는 지하철로 단 10분 거리이다. 일곱 정거장 떨어져 있는데, 파리 지하철의 정거장과 정거장 사이에 걸리는 시간은 1분 40초 안팎이다. 서울 또는 다른 나라의 대도시 지하철에 비하자면 정거장 수가 많아 운행 간격이 매우 짧다. 아닌 게 아니라, 바람에 묻혀 오는 속도로 무슈 리가 호텔에 돌아왔다.

"자, 보십시오. 개선문이 이쪽, 음악 극장 '살 플래옐(Salle Pleyel)'이 저쪽입니다."

살 플래옐은 개선문 근처에 위치하는 클래식 전용 음악극장이다. 대대적인 개보수 작업을 거쳐 지금은 때때로 대중음악 가수의 연주회가 열리기도 한다. 수용 가능 관람객이 2천 석이었으나, 증축 공사 이후는 2천 500석으로 늘렸다.

"흐흠-."

과연 좋은 장소였다. 음악 하러 파리에 오는 유학생을 위하여서 이보다 더 좋을 장소를 구한다는 것이 불가능할 정도였다. 그가 말했다.

"유명 음악학교와도 5분 거리입니다."

내가 말했다.

"연락합시다, 지금."

"어디로?"

"복덕방과 '발라동 2세'에게 전화합시다."

전화하니, 두 사람이 다 동의했다. 택시를 타고 미래의 음악 기숙사가 될 수 있을 장소를 방문하러 나섰다. 택시 속에서 무슈 리가 웃으면서 말했다.

"성공하면 멋진 파티를 여셔야죠?"

"물론이죠."

발라동 건설회사

1989년, 물랭호텔 재건축 건설회사 발라동 1세의 명함.
2014년, 발라동 2세와 음악 기숙사 프로젝트를 공동 진행했다.
그러나 그의 갑작스런 죽음으로 이 프로젝트는 중도 포기되었다.

'발라동(Valladon)' 건설회사는 27년 전에 물랭호텔을 재건축했다. 그 사이, '발라동 1세'는 은퇴하고, '발라동 2세'가 운영자가 되었다. 무슈 리와 함께 찾아가서 회의를 가졌었다. 그에게 음악 기숙사 프로젝트에 참여하여 주기를 제안했다. 그가 말했다.

"입주할 임대인들이 음악 전공의 여학생들이라니, 확실한 사업이네요.

우선, 재건축할 건물이나 새로 지을 수 있을 마땅한 땅을 찾는 일이 첫 걸음입니다.

여러분과 함께 저도 노력하겠습니다. 과거에 저희가 함께 일했던 부동산 업자들에게 수소문을 하겠습니다."

뜻이 좋아 동참한다는 덕담에 큰 힘을 얻었다. 우리는 우리대로, 발라동 회사는 그들대로, 건물이나 땅 사냥에 나섰다. 매물로 나온 건물이나 땅이 많지는 않았다. 위치가 좋으면 값이 비싸고, 값이 헐하면 건물 상태가 엉망이었다. 이 와중에 무슈 리가 개선문 앞 건물을 찾아낸 것이다. 건물을 둘러본 발라동 2세가 말했다.

"위치는 좋습니다. 단, 과거 사무실로 사용했기 때문에 파리시로부터 용도 변경 허가를 받아야 합니다."

"어떻게 하는 거죠?"

"설계사와 작업해야 하는 것이니까, 저희가 할 일입니다."

"그 다음에는?"

"일부 건물 구조를 보강해야 하기 때문에 보통 건물보다 투자가 좀 많아질 것으로 보입니다."

"돈이 많이 든다?"

"이는 은행문제이니까, 물랭호텔과 저희가 같이 해결해야 할 것입니다."

개선문에서 호텔로 돌아오면서, 무슈 리와 나는 마치 모든 문제가 해결된 것처럼 기뻐했다. 물랭호텔에서의 27년 동안의 고생이 다 이 꿈을 이루기 위한 서곡이었다고 생각했다. 음악 기숙사는 자자손손이 오랜 세월

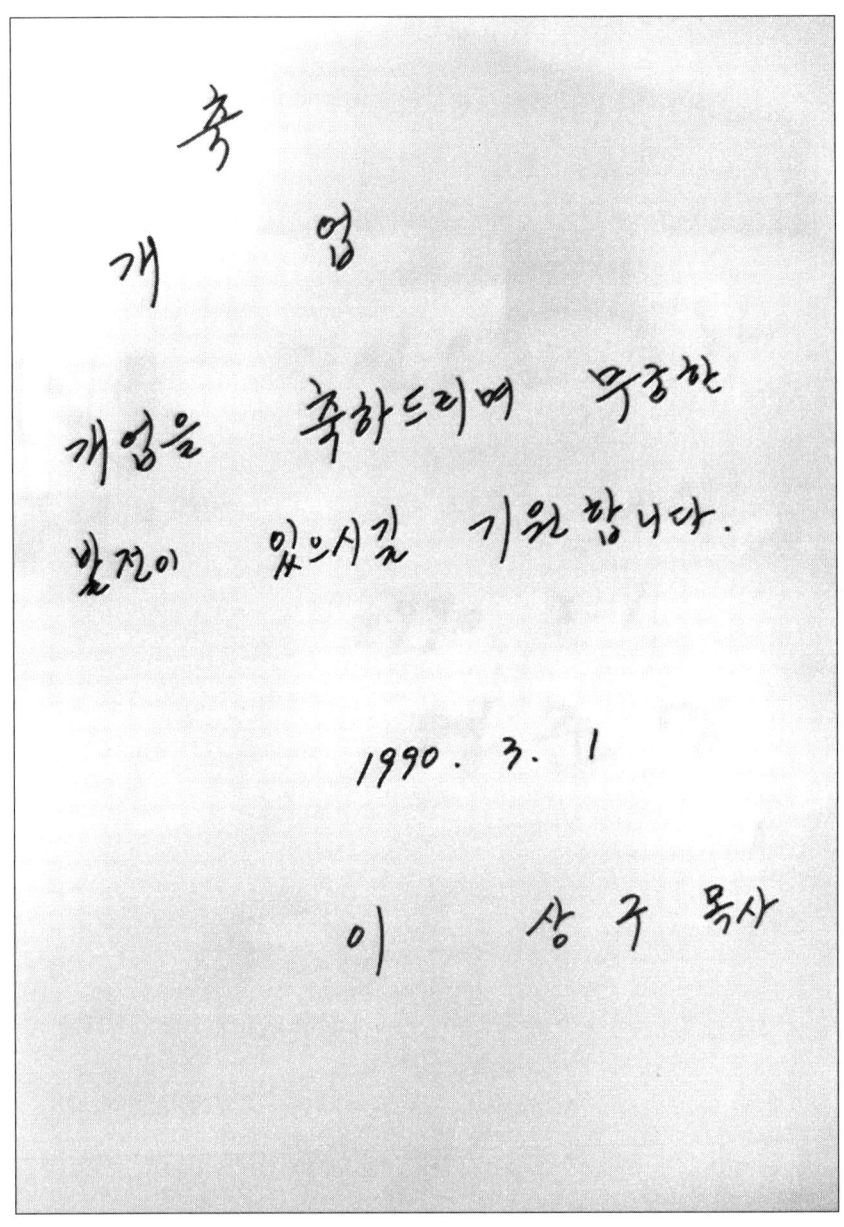

파리 침례교 이상구 목사님의 축하 편지. 이 목사님 또한 음악 기숙사 프로젝트를 두고 30여 년간 노력했다. 발라동 2세가 갑작스럽게 사라져서 중단되어 마음이 무겁다.

을 두고 우리 손주들에게 가문의 영광이 될 것이었다. 기대와 희망 속에서 며칠을 보냈다.

그로부터 얼마가 지난 후이다.

아침 업무 준비를 위하여 새벽에 리셉션에 나갔다. 매일 처음 하는 일이 이메일 확인이다. 한국, 미국, 호주, 아프리카 등과 시차가 있기 때문에 지난밤에 들어온 예약을 퇴근을 준비하는 밤 근무자와 재확인하는 업무이다.

죽- 훑어 나가는데, 발라동회사 이메일 주소가 떠올랐다. 이메일을 열었다.

"지난밤, 저희 회사의 대표이신 발라동 2세가 세상을 떠났습니다. 깊은 애도의 뜻을 여러분께 전하여 드립니다. 장례식 등의 절차에 대해서는 다음 편지로 알려 드리겠습니다."

멍- 했다. 내가 그러할 때, 그 가족의 충격은 어떠했을까. 돌이켜 보자면, 그는 체중이 많이 나갔고, 혈색이 불그레했다. 그때는 그냥 '그렇구나'라고만 생각했었다. 그는 스트레스와 함께 심장마비나 뇌출혈의 가능성을 몸에 안고 살았을 것으로 짐작되었다. 무슈 리에게 말했다.

"일단, 무기 연기해야 할 상황이 생겼습니다."

얼마 후, 무슈 리는 한국으로 떠났다. 물랭호텔에서 6개월 동안의 일을 마치고서였다.

이야기 18

사라진 호텔, 생존한 호텔

1. 친한파 레바논인의 호텔

―

호텔 방 안에 긴장감이 가득했다. 숨소리만이 방 안을 채웠다.

'드그라비' 씨가 말문을 열었다. 이를 꽉- 문 표정이었다.

"우리 두 사람이 거대한 음모의 함정에 빠져 있는 겁니다."

그가 강조했다.

"완전 사기를 당하고 있단 말입니다."

그로부터 며칠 전, 드그라비 씨가 나에게 전화했다. 만난 적이 없는 사람이었다.

"꼭 할 이야기가 있습니다."

대화할 내용이 매우 중요한 일이라고 강조했다. 자기소개를 이렇게 했다.

"저도 무슈 신처럼 국책은행에서 돈을 빌려 호텔을 재건축하고 있는 사람입니다. 그런데…."

나 또한 만나고 싶었다. 똑같은 입장에 있는 사람이니, 서로 만나기를 마다할 이유가 없었다.

그의 호텔은 오페라 뒷길이지만, 상당히 큰 대로상에 위치했다. 규모도 커서 우리 호텔보다 두 배 이상의 크기였다. 도착하니, 리셉션 근무자가 2층의 한 객실로 안내했다. 드그라비 씨가 기다리고 있었다.

"반갑습니다."

"처음 뵙겠습니다."

인사를 나눈 뒤, 드그라비 씨가 자기소개를 하기 시작했다.

그는 프랑스 국적을 가졌지만, 레바논 사람이다. 학력이 대단했다. 프랑스 최고 명문대학에서 원자력 공학을 전공했다. 군복무를 해군에서 했다는데, 핵 잠수함 승조원이었다. 제대 후, 첫 직장이 프랑스 최대의 원자력 발전소 건설 전문회사. 그는 한국에 가서 일한 경력도 가졌다. 협력회사가 현대건설이었다고 했다. 그가 말했다.

"그 후, 원자력 시장이 축소되면서, 직장을 떠났습니다. 푼푼이 모은 돈을 호텔에 투자했지요."

그는 나보다 10살 정도 나이가 위인데, 한국과의 남다른 인연에 대해서 말했다.

"한국 근무 때, 형제 같은 나라라고 느꼈습니다. 제가 만나기를 원한 것도 무슈 신이 한국 사람이기 때문이죠."

나도 동의했다.

"저도 레바논 분들과 일한 경험을 가졌습니다."

중동 근무 때 레바논 사람들과 같이 일했었다. 그때 이들의 가족관 그리고 음식에 이르기까지 한국과 흡사한 데가 많아서 내심 놀란 기억이 있었다. 한국, 레바논 사람들이 서로 친근감을 느끼는 것은 사실이다. 지도상으로는 유럽과 가까워도 생활풍습은 동양 쪽에 더 가까웠다. 자기소개를 마친 드그라비 씨가 본론으로 들어갔다.

"물랭호텔 재건축의 시공회사가 발라동회사이죠?"

"그렇습니다."

"이 회사, 조심하셔야 합니다. 계약을 취소하고 다른 회사를 찾으셔야 할 것입니다."

"?"

"제가 이 회사 때문에 망하기 직전입니다."

물랭호텔이 600만 프랑의 대출인 데 비하여, 그는 1천만 프랑이었다. 이 금액 차이만큼 그가 받는 스트레스 또한 더 크리라고 짐작이 되었다. 그는 하루하루를 수면제로 살고 있다는 이야기까지 했다.

"저는 이 회사를 고발하여 재판을 시작하였습니다."

잘 생각하여 보자면, 발라동회사를 의심할 수 있을 이유가 없는 것은 아니었다. 드그라비 씨의 호텔이나, 우리 물랭호텔이나, 국책은행의 대출을 받아 재건축을 하게 되는 배경에는 3단계의 과정이 있었다.

제1단계 은행 설립: '호텔 재건축 전문 프랑스 국책은행'이 설립된 후, 심사를 거쳐 선택된 100개 호텔에 거액의 대출이 이루어졌다.

제2단계 설계 감리회사 설립: 혹시 비양심적인 대출 수혜자가 이 돈을 갖고 외국으로 도망가거나, 부실 공사가 발생할 가능성을 원천봉쇄하기 위하여 은행 관리하의 '호텔 재건축 전문 설계회사'를 설립하였다.

제3단계 시공회사 입찰: 설계 감리회사는 입찰을 통하여 시공회사 몇 개를 선발하였다. 호텔업자들은 의무적으로 이 시공회사하고만 재건축 공사를 진행할 수 있다.

발라동회사는 이 입찰에서 선발된 건설회사 중의 하나였다. 드그라비 씨가 말했다.

"부당하고 부정한 거래가 진행되고 있습니다. 그 핵심이 발라동회사입니다. 설계회사, 대출은행 실무자와 짜고 호텔업자들을 봉으로 만들고 있는 거예요. 공사가 부실로 끝나게 됩니다. 엉터리 공사를 하고 나서 개업해 보세요. 1~2년 후부터 물이 줄줄- 새고, 난리가 나는 겁니다."

드그라비 씨의 목소리가 커졌다. 당장 그의 호텔이나 우리 호텔이 파산 직전에 이른 것처럼 주먹을 흔들며 말했다.

"그러면, 우리는 망해요. 망하는 거란 말이에요."

드그라비 씨가 말문을 닫으면서, 방 안에 다시 침묵이 흘렀다. 흥분한 목소리로 말한 그의 단어들이 내 귀 안에서 쟁쟁- 메아리처럼 울렸다. 그의 빠르고 거친 숨소리가 방 안을 채웠다. 어리벙벙했다. 심각한 표정으로 손을 올려 턱을 괴었다. 잠시 간격을 두었던 드그라비 씨가 다시 말문을 열었다.

"제가 평생 건설회사에서 일한 사람 아닙니까."

1989년, 그때 드그라비 씨는 50대 나이, 나는 43살이었다. 그가 말했다.

"은행, 설계회사, 발라동회사가 짝짜꿍이 되어서 우리 외국인 호텔업자들을 말아먹는 작전입니다. 아시겠습니까?"

그의 주먹이 책상을 쾅- 치는 시늉을 했다. 그의 말이 이어졌다.

"왜 100개 호텔 대부분이 외국인인 줄 아세요? 어수룩한 외국인들을 벗겨 먹자는 수작이란 말입니다. 이게 바로 덫이에요. 우리는 독안에 든 쥐나 다름없어요. 프랑스 법을 잘 모르는 취약한 외국인만 고른 결과인 겁니다. 끝까지 싸우렵니다."

드그라비 씨의 논리는 나름대로 정연했다. 뒤집어서 말하자면, 외국인 호텔업자들끼리 동맹관계를 만들어서 발라동회사를 거부하고, 다른 건설회사에게 시공을 맡기자는 제안이었다. 듣자 하니, 드그라비 씨는 발라동 1세와 틀어질 대로 다 틀어진 사이였다. 처음에는 어리둥절했고, 나중에는 헷갈렸다. 그의 사연이 이어졌다.

"저희 호텔의 땅과 건물 주인은 파리시입니다. 저는 운영권만 갖는 임대자 입장이죠. 그래서 더 복잡합니다. 발라동이 파리시와 짝짝꿍이 되어서 저를 골탕 먹이고 있으니 말입니다."

이를 이해하기 위하여서는 프랑스의 독특한 호텔 소유 개념에 대한 설명이 필요하다. 한국의 전세 제도와 비교하면 이해가 쉽다. 호텔 건물의 땅, 건물의 주인과 운영자가 물론 같은 사람일 때도 있지만, 대부분은 땅, 건물 주인 따로, 운영자 따로가 대부분이다.

혹시 같은 사람이라고 하더라도, 세금이나 재산권문제를 위하여 분리하는 경우가 많다. 같은 주인이지만, 법과 세무적으로는 두 개의 독립적인 법인체를 만드는 것이다.

물랭호텔의 경우도 마찬가지였다. 당시의 우리는 세입자였고, 땅과 건물의 주인은 과거 국세청 고위 공무원의 가족들이 소유하고 있었다.

호텔 소유권과 관련하여, 한국과 프랑스와 또 다른 차이는 은행의 대출 기준이다. 한국계은행은 땅과 건물을 담보로 잡고 대출한다. 프랑스는 다르다. 호텔 운영권에 대출을 해 준다. 앞으로 전망되는 매상이 담보가 된다는 의미이다. 드그라비 씨나 우리 물랭호텔이나, 이런 경우에 해당했다.

 헌 건물의 매상은 적었으나, 대출을 받아 재건축을 하여 새 건물로 매상을 늘리겠다는 미래 계획을 담보로 대출을 해 주는 것이다. 은행 관계자들과 대화해 보면, 이와 같은 프랑스적 제도에 대해서 한국계은행은 이해하지 못했다. 반대로, 이와 같은 한국적 관행을 프랑스은행은 이해하지 못했다.

 드그라비 씨와의 만남을 끝낸 뒤, 호텔에 돌아온 나는 혼란에 빠졌다. 혼란은 공포로 이어졌다. 후에 내가 폐쇄병원에 들어가는데, 드그라비 씨의 논리가 많은 영향을 끼쳤다. 파산이라는 공포가 나를 죽음의 유혹으로 끌어내렸다. 도대체 누구 말이 옳은지, 또 누구 말을 믿어야 할지, 갈피를 잡을 수 없었다.

 고민했지만 나는 발라동회사와 계속 공사하기로 결정했다.

 드그라비 씨는 나와 다른 길을 걸었다. 발라동회사와 전면전을 벌인 것이다. 자신의 건설회사 경험을 바탕으로 독자적인 재건축 공사를 시작했다.

 여러 가지 요인이 있었겠지만, 뭐니뭐니 해도 자금력이 이처럼 서로 다른 길을 걷게 한 요인이라고 나는 생각한다. 드그라비 씨 경우는 호텔 운영 경험이 있었고, 재정적인 능력이 나보다 훨씬 앞서 있었다.

 나의 경우는, 전체 필요 금액의 12.78%뿐이니 지나가는 소가 웃을 적은 돈이었다. 오늘날 기준으로는 상상이 불가능한 수치이다. 예를 들어 이웃 호텔이 33%의 자기자본을 가지고 다른 호텔을 더 사 보려고 은행에 대출 신청을 했다. 결과는 '안 된다'였다. 지금은 자기자본금이 50%를 넘어도 대출 받기가 힘들다고 한다.

한편, 드그라비 씨의 논리를 100% 인정한다 하더라도, 나는 발라동회사, 설계회사, 대출은행에 맞서 싸울 용기와 배짱이 없었다. 돈도 돈이지만, 가난한 한국인 교민 흥부를 믿고 120만 달러에 버금가는 금액을 덜컥- 빌려준 은행이 감사해서였다.

'이를 버리고 독자적인 길을 간다?'

겁도 났지만, 동양적 유교 개념에서 보자면 배은망덕한 일이라고 생각했다.

'어차피 내 운명이다!'

어떤 측면에서는 자포자기로 해석할 수도 있다. 물론, 그런 면도 있었다. 그래서 더 이를 악물었다.

"좋다. 당한다. 당해 본다. 아무리 무서운 시련이 온다고 하더라도 이겨본다!"

나로 말하자면 각오는 했어도, 의지는 약했다. 파산의 공포가 자살의 유혹 속으로 인도했고, 종점은 폐쇄병동이었다. 이에 비하자면, 아내는 굳건했다. 나보다 훨씬 강철 같은 의지로 27년을 버티어 내었다.

가는 길은 달라도, 나는 드그라비 씨를 자주 만났다.

호텔 운영 경험이 없는 나로서는 당연했다. 실제로 드그라비 씨는 한국과 한국인에 대한 친근감을 가졌음을 확인할 수 있었다. 그는 나에게 큰 형님 역할을 해 주었다. 나와는 비교가 안 되는 호텔 운영 경험을 바탕으로 하여 회계, 세무, 행정과 관련한 조언을 많이 해 주어서 신세를 톡톡히 졌다.

호텔 재건축과 관련한 발라동회사와의 관계에 대해서도 그는 나의 입장을 이해했다. 물랭호텔 경우는 하루라도 빨리 문을 열어 한 푼이라도 더 벌어야 했다. 하루빨리 은행 상환금을 갚기 위하여 재건축 일정을 앞당겨 10개월 만에 끝냈다.

드그라비 씨 호텔의 경우는 기존 계약을 다 파기하고, 새 건설회사로 바꾸는 과정을 거쳤기 때문에 몇 년이 더 걸렸다.

예를 들자면, 5층부터 공사를 시작해서 1층까지 단계적으로 한 층씩 공사한 것이다. 덕택에 객실 50개를 다 팔지는 못하더라도, 최소한 40개씩은 팔 수 있었으니 어느 정도의 매상은 지속할 수 있었을 것이다.

그로부터 20년이 지났다.

그동안 드그라비 씨도 나의 호텔에 몇 번 찾아보고, 나는 더 많이 그의 호텔을 방문했다. 갈 때마다 이런저런 의논을 하고, 도움이 될 조언을 받고 돌아왔다.

그때쯤에는 대부분의 공사는 끝났지만, 부분적인 공사는 아직도 계속하고 있었다. 이는 물랭호텔의 경우도 마찬가지였는데, 깨끗한 건물과 객실을 유지하기 위해서는 해마다 어느 수준의 개보수 공사는 불가피했다.

어느 날이다. 오랫동안 드그라비 씨를 못 보다가 문득 생각도 나고 기회가 되어서 그의 호텔에 찾아갔다. 리셉션에 들어서는데, 왠지 전과는 좀 다른 분위기가 느껴졌다. 지배인 격이어서 드그라비 씨의 오른팔이 되어 일하던 근무자는 그대로 있었다. 나의 인사를 받은 그가 말했다.

"1년 전에 돌아가셨습니다."

오늘, 그의 호텔은 의사가 된 아들이 대표이다. 위에 말한 지배인 또한 그대로 일하고 있다. 앞으로 몇 년이나 더 지금과 같은 체제를 그대로 유지할 수 있을지, 나는 알 수 없다. 그러나 의사인 아들이 자기 직업을 포기한 뒤, 호텔을 차고 앉아 운영할 리는 만무일 것이다.

거대한 체인호텔의 경우라면 몰라도, 자영업 형태의 호텔은 주인과 주인 가족이 달라붙어 일하지 않아서는 생존이 불가능하다. 드그라비 씨 2세의 호텔 또한 머지않아 매각할 것으로 나는 예상한다.

드그라비 씨가 저세상에서는 마음의 평화를 찾았기를 기도한다.

2. 모하무드 씨 호텔의 경우

—

100개의 국책은행 대출 수혜 호텔 사이에는 나름대로의 동지의식이 존재했다. 국적이 다르고, 자기자본 능력이 다르고, 호텔 위치나 상황이 다 달랐지만, 동병상련의 감정을 나누어 가졌다.

물랭호텔 입장에서 이 100개의 호텔과 다 친분을 나눈 것은 아니지만, 나는 대개 10개 호텔 주인들과 교류했다. 그중의 한 사람이 몽빠르나스 호텔 주인 '모하무드' 씨이다.

내가 43살 나이 때, 그는 30대 말이었다. 연배로 치자면 비슷했고, 나이로 치자면 나보다는 혈기왕성했다. 그는 정말 힘이 뻗칠 정도로 용기백배해 있었다. 자신감이 흘러넘쳤다. 모하무드 씨 또한 드그라비 씨처럼 1천만 프랑의 대출 수혜자였다.

때때로 방문하면 그는 신바람이 나서 자신의 대출 성공과 향후 성공 확신에 대한 이야기를 침 튀기며 설명했다. 대단한 자신감이어서 부러웠다. 그가 말했다.

"공사를 다 끝냈는데도, 대출 잔여금이 남았단 말입니다. 저는 이 돈을 새로 생기는 파리 디즈니랜드에 식당을 하나 사려 합니다."

원칙적으로 이는 불법이다. 국책은행이 빌려준 돈은 호텔에만 투자하는 조건이다. 그러나 이를 일일이 확인하고 조사하는 것은 아니다. 대출 원금과 이자만 제 날짜에 따박따박- 갚을 수 있다면, 이 또한 큰 문제로 발전하지 않는다.

문제는 대출금 상황이 안 되는 경우이다.

이는 적자운영을 의미하는데, 이때는 세무조사부터 시작하여 대출은행의 감사가 뒤따르게 마련이다. 여기서 탈세와 용도 변경이 발견되면 차압으로 이어진다. 차압이란, 자영업자에게는 파산을 의미한다. 모하무드 씨의 설명에 나는 감탄 반, 걱정 반의 대화를 나누었다. 그가 말했다.

"제 본업이 원래 식당업 아닙니까. 유휴자금을 장차 파리 관광업의 노른자위가 될 파리 디즈니랜드 앞 식당에 투자하는 겁니다."

자신감이 넘쳤다. 용기가 가상하다고 느꼈다. 모하무드 씨의 파리 디즈니랜드 앞 투자는 이해할 만한 구석이 당연히 있다. 그때는 누구나 다 그렇게 생각했다. 황금알을 낳을 거위로 기대했었다. 그러나 결과는 달랐다. 파리 디즈니랜드는 디즈니 그룹 최초의 실패작이다.

예를 들어 보자.

프랑스 상과대 교수 중의 한 사람이 파리 디즈니랜드 지역 내 부동산에 대규모로 투자했다. 그 자신이 투자 전문교수였으니, 본인은 물론이요 지인, 친척, 친지들이 모두 그를 믿고 투자를 맡겼다고 한다. 결과는, 권총

자살이었다.

한인사회도 마찬가지였다. 주변 부동산에 투자한 한 교민 사업가가 있었다. 똑같이 큰 손해를 보았다. 나 또한 파리 디즈니랜드의 함정에 빠질 문턱까지 갔었다.

한 교민이 파리 디즈니랜드 코앞에 호텔을 짓는 데 공동투자를 권했다. 여유가 있었다면, 나도 동의했을 가능성이 있다. 이 교민은 파리 여행업계의 큰손이기도 했다. 단체 여행객 유치를 보장했다. 땅 짚고 헤엄치는 호텔이 될 수 있을 것이었다. 미국 디즈니랜드 앞에 즐비한 자영업 호텔들의 돈방석 성공의 좋은 예였다. 그가 말했다.

"디즈니 호텔은 너무 비싸요. 문만 열고 나가면 놀이터에 갈 수 있다는 장점은 있겠지만, 디즈니랜드 앞에 있으면 어떻습니까. 문제는 가격이죠. 경쟁력 있는 가격을 내놓으면, 대박입니다. 제가 한국 단체 관광객 유치는 책임집니다."

개인적으로 이분에게는 감사한 마음을 가지고 있다. 만일 우리가 이 제안을 실행에 옮겼더라면? 그분의 회사는 후에 IMF 직격탄을 맞아 문을 닫았다.

물랭호텔 개업 시기는 파리 디즈니랜드 개장 그리고 유로스타 개통과 앞서거니 뒤서거니 했다. 희망에 부풀었던 시대였다. 프랑스 정부가 부랴부랴 관광호텔 투자 전문은행을 서둘러 세운 배경을 이해할 만하다. 바로 이 시기에 우리가 별 2개 파리 관광호텔 업계에 진출한 것은 함정이자, 기회였다.

모든 사람이 그러했듯이, 나 또한 파리 디즈니랜드의 성공 여부에 촉각을 세우며 관심을 쏟았다. 그런데 하나둘 정상적이지 않은 상황들이 나타나기 시작했다.

우선 입장료가 천정부지였다. 1인당 100유로였다. 세 식구의 경우, 입장료만 300유로이다.

미국 디즈니 본사의 설명은 '모든 놀이기구 타기가 공짜이기 때문에 이 정도의 입장료가 불가피하다'였다. 내가 보기에 이는 모순이다. 유럽의 현실을 무시한 미국적인 사고방식의 결과이다.

디즈니랜드는 놀이기구만 타는 곳이 아니다.

호텔에서 묵거나, 또는 하루 방문이라고 하더라도 음료, 식사 그리고 각종 미키마우스 상품을 구입하면 그 비용은 두 배, 세 배로 몇 배 더 늘어난다. 한 가족당 단 하루 외출에 최소한 1천 유로를 지출을 해야 한다.

1천 유로!

이는 프랑스의 빈곤층에 지급되는 한 달 생활 보조 금액에 버금간다. 단 하루 디즈니 방문에 서민의 한 달 생활비를 탕진한다? '미친 입장료'라는 비판이 당연하다. 파리 디즈니랜드의 입장료 산출과 책정을 나는 전혀 동의할 수 없었다. 이 계산의 출처는 디즈니 본사의 잘못된 미국식 사고방식 때문이라고 생각했다.

미국과 유럽은 다르다. 특히 프랑스는 더하다. 유럽은 세금이 많고, 미국보다 덜 부자다. 200년 역사의 미국은 문화의 깊이가 얄팍해서 놀이문화가 디즈니로 만족할 수 있지만, 수천 년 역사문화를 가진 유럽은 디즈니가 악세서리 수준이다.

아니나 다를까. 유로스타를 파리 디즈니랜드까지 연결시켜 줄 정도로 초강수 지원 정책을 프랑스 정부가 동원했지만, 적자를 냈다.

처음 파리 디즈니랜드 자본구성은 미국 디즈니 51%, 프랑스 정부 49%였다. 적자에 적자를 거듭한 끝에 지금은 프랑스 정부가 돈을 쏟아붓는 한편 사우디 왕족 재벌이 많은 지분을 사들이는 방식으로 연명하고 있다.

모하무드 씨의 몽파르나스 호텔도 이 벽을 넘지 못했다. 디즈니랜드 앞에 개업한 식당이 도산하고, 이어서 호텔도 은행 손으로 넘어갔다.

이후, 알제리아로 귀향했다는 소식을 들었다.

3. 살아남은 호텔

프랑스가 1989년에 낡은 파리 호텔의 인프라를 대대적으로 개선하기 위하여 재건축 프로젝트를 가동한 지 30년이 지났다. 그동안에 또 낙후된 시설의 호텔이 많아졌기는 그때나 지금이나 다시 마찬가지이다.

'1989년 100개 재건축 프로젝트'에서 살아남은 호텔은 얼마나 될까?

대개 60% 정도가 사라져서 다른 사람의 손으로 넘어갔다고 한다. 물랭 호텔은 '생존한 경우'에 해당했다.

이를 가능케 하여 준 여러분께 감사드린다.

이야기 19

여자의 힘

어제, '테임즈' 강가에 산보 나갔다. 아내와 단둘이서다. 런던에서 살기 시작한 지가 1년이 가까워 오지만, 함께 나가기는 처음이다.

아니, 가만있어 봐라. 물랭호텔에서 일한 이후로 처음인 것 같기도 하다. 그렇다면, 28년 만의 처음 동행 외출이라는 이야기가 되는데, 설마….

아무리 생각하여 보아도 까마득하다. 전혀 기억이 없다. 그렇다고 가능성이 전혀 없는 것도 아니다. 단둘이만의 외출이 말이다.

호텔 일을 할 때는 철저하게 2교대로 일했다. 아내가 잠잘 때는 내가 일했고, 내가 잠잘 때는 아내의 차례였다. 함께 산보나 외출은 상상할 수 없었다. 같이 산보 나간다는 일은 우리에게 사치였다. 일에 묻혀서 큰 탈이 없으면 하루하루가 축복이었다. 정오가 다가오는 시간에 집을 나서며 내가 말했다.

"나갔다 올게."

아내가 묻는다.

"어디?"

"어제 점심 때 나가서 찾았는데 못 찾아서 다시 가 보려고."

"구글 지도로 찾으면 안 돼?"

"하유, 왜 안 찾았겠나. 지도를 들고 다녔는데도 뱅글뱅글- 돌다가 제자리에 돌아오기를 반복했지. 자칫 길 잃고 집에도 못 올까, 무서워서 포기했어."

"도대체 그게 어디야?"

"아, 지난 일요일 저녁에 손녀딸 생일 축하로 저녁식사한 식당 있잖아. 동네 분위기가 그럴듯해서 거길 다시 가 보려고."

"내가 한번 찾아가 볼까?"

"나보다는 길눈이 밝을 터이니, 그래 같이 가 봅시다."

지난 일요일, 한불 합작의 손녀가 17살 생일을 맞았다. 아들이 말했다.

"근사한 식당에 예약을 했어."

아들, 손자, 며느리, 손녀 그리고 아내와 나였다. 지하철을 타고 두 정거장 가서 내린 뒤, 아들을 따라갔다. 어둠이 내리는 저녁시간이었다.

걸어가야 했는데, 거리가 꽤 멀었다. 거리가 한산했다. 신호등을 지나, 작은 골목으로 들어서니 멀리 강가에 정박되어 있는 배들이 보였다. 테임즈강을 오르내리는 작은 규모의 유람선이었다.

강을 마주보며 걷다가 왼쪽으로 꺾으니, 어둠이 꽤 짙어져서 높이 올려진 가로등의 불빛이 나지막한 잔디 언덕 벤치 위에 걸터앉은 사람들을 비추었다. 벤치가 드문드문 몇 개밖에 없어서, 그냥 잔디 위에 앉은 사람들이 더 많았다. 아들에게 물었다.

"뭘 이렇게 멀리 가냐?"

"응, 전에 같이 근무했던 영국 친구랑 한 번 가 봤던 식당이야. 차가 못 들어오는 길이라 걸을 수밖에 없어."

잔디 언덕의 끝, 강에 걸쳐져 있는 큰 다리 앞으로 드디어 식당이 나타났다. 옆쪽으로 테라스가 있는데, 어둠과 함께 기온이 내려가서인지 그곳에 앉아 있던 사람들이 마시던 잔을 들고 실내로 이동하는 것을 볼 수 있었다. 그 뒤를 따라 식당 안으로 들어갔다. 손님들이 가득하고, 종업원들이 바쁘게 움직이고 있었다.

손님이 많아서인지, 식사가 늦게 나왔지만 분위기는 좋았다. 음식도 먹을 만했다. 우리들은 아주 낮은 목소리로 손녀의 17살 생일을 위한 〈해피 버스데이(Happy Birthday)〉를 불러 주었다. 창밖으로 내다보이는 테임즈강 풍경이 아름다웠다.

식사 후, 걸어온 거리를 되돌아 지하철을 타고 집으로 돌아왔다. 거리는 어둠이 완전히 내려 있었다. 가로등 불빛이 환했다. 많이 걷느라 꽤 오랜 시간을 거리에서 보냈지만, 기억에 남을 저녁이었다.

그 며칠 후인 어제, 그 테임즈 강가를 다시 찾아가 보려고 나섰다. 그러나 실패했다. 한 번, 두 번, 세 번, 길을 꺾어서 강가에 이른 것으로 기억해서 그대로 해 보았지만, 웬 큰 공원이 나오는가 하면, 고속도로 방향이 나오기까지 했다. 지도를 보고 찾았지만, 그날 갔던 식당 이름이나 주소를 몰라 허탕을 쳤다. 거의 2시간을 헤매다가 집에 돌아왔었다.

다음 날인 오늘, 다시 도전하는 나의 시도에 아내가 동참한 것이다. 길눈이 나보다는 밝다는 아내를 앞세우고 어제와 똑같이 그리고 지난 일요일 저녁에 아들 뒤를 따라 걸었다고 생각하는 거리를 되찾아 걸어 보려고 노력했다. 결과는 마찬가지였다. 어제와 똑같았다. 두 사람의 기억이 비슷해서, 큰 공원과 고속도로 방향이 마주치는 길에서 포기하고 말았다.

"할 수 없네. 이 동네 사람에게 물어보는 수밖에."

길 가는 사람을 잡고 물었다. 공사판 인부 복장을 한 그가 말했다.

"저도 외지 사람이라 모르는데요."

영어 발음이 동유럽 식이었다. 두 번째 행인에게서 해답을 찾았다. 아주 자세히, 우리 뒤를 따라 오면서까지 친절하게 가르쳐 주었다. 강 쪽으로 내려가는 골목길을 찾고 환성을 질렀다.

"아, 맞네. 땡큐, 땡큐! 한 발짝 다른 골목에서 헤매었으니."

두 번째의 제대로 찾은 골목길에서부터 강가가 보였다. 기억도 분명해졌다.

"사는 것이 이렇네. 알면 성공이고, 모르면 실패이지."

"어제도 좀 물어보지 그랬어."

"글쎄 말야. 쉽게 찾을 수 있으리라고 자만했던 것 같아."

강가에 이르러서부터는 일사천리였다. 구름다리를 지나 식당 쪽으로 향했다. 한낮이니, 강가에 산책 나온 사람들이 적으리라고 예상했는데, 꽤 많았다. 해가 들락날락했지만, 바람이 꽤 차게 느껴졌는데도 말이다.

강가 왼쪽으로 작은 창고가 나란히 서 있는데, 연장을 들고 작업을 하는 사람들을 볼 수 있었다. 배 수선을 위하여 대패질하는 모습이 마치 영화의 한 장면처럼 보였다. 테임즈강 특유의 색다른 분위기가 물씬 느껴졌다.

손녀의 생일식사 며칠 후, 똑같은 식당, 똑같은 자리에서 그러나 이번에는 아내와 단둘이 점심 메뉴를 즐기는 오후였다. 돌이켜 보자니, 우리 두 사람의 삶은 길고 먼 여행이었다.

'우리보다 더 아옹다옹 싸운 커플 있으면 나와 보라고 그래!'

이게 우리 사이였다. 아내와 나는 동갑이다. 아니, 아내가 10달이 앞서 간다. 그래서 학년이 한 해 위였다. 우리 사이에 동방예의지국의 질서는 존재하지 않았다. 18살 때 만났으니, 햇수로만 따지면, 55년이 지났다.

신문사 생활 때는 귀가시간이 없었다. 일주일이고 보름씩 집에 못 들어가거나, 안 들어간 날들도 있었다. 일을 위해서 또는 술 마시기 위해서였다. 돌이켜 보자면, 왜 그렇게 그 시대 우리들은 술을 많이 마셨는지, 나부터 이해가 안 간다. 하여간에 그 시대에는 많은 사람들이 그러면서 살았다. 나도 그런 사람 중의 하나였을 것이다.

중동에 나갔을 때는 혼자만 갈 수 있었으니, 당연히 헤어져 지냈다. 아내, 아들과 함께 다시 살림을 꾸리게 된 것이 파리 주재원 시절부터이다. 이 시절에도 거의 가족 얼굴을 못 보다시피 하면서 살았다. 일이 많았다.

자영업자가 되어 식당, 호텔 일을 하면서는 더했다. 교대로 가게를 지켰다. 손주들이 생긴 다음부터는 번갈아 가게를 지키며 키웠다. 며느리 직업이 의사라서 더했고, 아들은 직장에서 한참 일할 나이여서 얼굴 보기가 힘들었다.

아버지가 개업 1년 후의 우리 호텔을 방문했을 때다.

"막내가 이런 가게를 하게 되었다니, 믿어지지 않는다."

나는 5형제 중의 막내이다. 우리 집안 안팎의 99%는 교직자들이었다. 아내로 말하자면, 자영 사업가 집안 출신이었다. 나와 한참 달랐다. 아버지가 말했다.

"그저 너는 아이 엄마가 하자는 대로 하면 될 것이다."

돌이켜 보자면, 백번 지당하신 말씀이었다. 이 말을 파리에서 나에게 남긴 다음 해, 아버지는 79살에 세상을 떠나셨다.

신문사, 주재원 생활을 할 때만 하여도 아내와 나는 서로 얼굴 보기가 힘들었다. 아내 또한 직장생활을 했었으니, 다툴 수 있을 시간과 기회가 없었다. 그러나 자영업을 하게 되면서 상황이 반전되었다. 아, 처음부터 그런 것은 아니다. 나는 소르본느에 등록해서 문학과 관련한 학위나 따낼까 하는 생각을 했었다. 그래서 처남과 그의 친구를 식당 운영을 위하여 파리로 불렀었다.

6개월째 들어섰을 때, 내가 이럴 때가 아니라고 판단해서 공부는 집어치웠다. 온 식구가 식당 일에 올인 하는 생활로 바꾸었다. 자영업이란, 주재원과는 전혀 다른 세상이었다. 우리 가족을 위해서는 마지막 살길인 식당이 거꾸러지면, 우리는 길에 나앉을 수밖에 없는 절박한 상황으로 깨달아졌다.

막상 가게 일을 같이 하다 보니, 사사건건 의견이 같을 것이 하나도 없었다. 나는 나대로, 아내는 아내대로, 처남은 처남대로. 생각이 제각각 달랐다. 처남의 군대 시절 동료라서 같이 일하게 된 젊은이가 어느 날 한 말이 걸작이다.

"매형하고, 누이하고는 달라도 어떻게 그렇게 다릅니까. 조물주께서 컴퓨터에 넣고 정반대 조합을 했어도 매형 누이의 경우보다는 덜했을 거예요."

지금에 비하자면, 그때는 젊은 나이였다. 혈기가 왕성했다면 과장된 표현이고, 부글부글할 나이였다. 절박한 현실도 한몫했을 것이다. '여기서 망하면 다 망한다'는 위기감이 팽배했었다. 서로 '내가 옳다'고 우겼다. 서로 양보하지 않았다.

한 많은 식당 자영업을 접고, 호텔 자영업으로 바꾸었을 때도 똑같았다. 나는 우리 분수에 맞는 수준을 원했다. 아내는 떡- 하니 몽마르트르의 물랭호텔을 찍었다. 자기자본이 고작 12.78%였다. 대화가 안 되었다.

'그렇다면….'

비장한 각오로 아내의 뜻에 따랐다. 그 후의 상황은 참담했다. 제 분수에 어긋나게 시작한 자영업은 경험전무, 제1차 이라크 전쟁 등으로 풍비박산의 문턱까지 갔었다.

이때, 아내의 불타는 용기가 위기를 극복했다. 나는 죽겠다고 폐쇄병동에 입원당한 상황에서 아내는 죽기 아니면 살기의 각오로 닥친 파산 직전의 현실을 이겨 냈다. 대단한 용기였다. 그로부터 흘러간 시간과 세월이 28년이다.

아내는 건강을 많이 해쳤다. 내가 먼저 무너지니까, 초인적인 의지를 불태울 수밖에 없었을 것이다. 그런 와중에서 제시간에 잠자고, 제시간에 잠깨는 일은 호강이었다. 잠 못 자고, 잠 안 자면서 일했으니, 건강을 지킬 수 있었을 리가 만무이다. 다 내 탓이다.

손주들이 태어나면서, 모든 관심은 아이들에게 쏟아졌다. 손녀를 위한 생일 축하 저녁식사를 했던 테임즈 강가의 근사한 식당에서 단둘이 얼굴을 마주하고 있자니, 지금 이 순간이 기적으로 느껴졌다. 마누라 님, 고생하셨네!

이야기 20

부지런해야 산다

살면서 세 개의 직업을 가졌다. 신문사, 건설회사 주재원, 교민 자영업(호텔). 부지런해야만 생존할 수 있었던 직업과 그 시대를 살아온 것에 고마움을 느낀다. 숙박업은 더했다.

요즘도 대개 오전 4시 반에 일어난다. 물랭호텔 때부터의 습관이다. 이 시간부터 하루 일을 준비하여야 했다. 지금은 호텔 일을 접었는데도 똑같다. 아마도 평생 이렇게 살아가게 되리라고 예감한다.

자영업 호텔은 일이 많았다. 쓰레기 수거차를 위한 어제의 폐기물을 내놓는 것으로 하루가 시작되었다. 지난밤을 꼬박 새운 근무자를 퇴근시키고 나면, 청소인들이 출근한다. 이 사람들과 아침식사를 준비하면, 본격적인 그날 일이 시작되었다.

낮 근무자의 출근, 고객들의 아침식사, 그날 떠나는 고객들을 위한 체크

아웃, 예약 업무, 고객들의 그날 일정을 도와드리기, 회계, 경리…. 점심 식사를 근무자와 함께 끝내고 나면 대개 부족한 잠을 잤다.

아무리 열심히 근무 표를 짜 봐도 교대시간 사이에 비워지는 시간을 메울 길이 없었다. 영세한 자영업자 수준에서는 뒷짐 지고 앉아 있을 시간이 거의 없었다. 24시간 문을 여는 업종이라서 더했다.

낮 근무자와 밤 근무자 사이의 자투리시간에 다시 리셉션 일에 복귀했다. 그날 도착하는 고객들의 체크인, 많은 경우에 단골 고객들과 호텔 식당에서 식사를 같이 하는 경우가 많았다. 밤 근무자가 출근하면, 나는 호텔에서 잠자는 날이 많았다.

어려운 일은 밤에 많이 발생한다. 화재와 같은 상황은 더 말할 나위도 없다. 비상상황이 닥쳤을 때, 밤 근무자 혼자서 대처하기는 불가능하다. 이분들이 유학생들이어서 더했다. 위험한 상황은 운영자인 내가 책임져야 마땅하다.

물랭호텔 일에서 손 놓은 지 1년이 지났지만, 아직 나의 몸과 마음은 그 시절에 묻혀 있다. 부지런하지 않아서는 살아남을 수 없는 공간 속에 그대로 남겨져 있다.

처음 물랭호텔을 문 열고 나서는, 글 쓸 시간을 많이 가질 수 있으리라고 기대하고, 희망했었다. 그것은 꿈이었다. 차라리 식당만 할 때인 1988년에는 동아일보 신춘문예에서 희곡 〈우리 좋은 날〉로 당선작에 뽑힐 수 있었다.

그러나 1989년 물랭호텔의 문을 열고 나서는 단 한 개도 뽑히지 못했다. 해마다의 신춘문예에 많게는 서너 편씩, 적게는 꼭 하나라도 단편 시나리오를 던졌었다. 물론 글재주가 더 많은 분들이 당선되었을 것이니, 내가 모자란 것이다.

27년의 세월은 게을렀던 나를 부지런하게 만들어 주었다. 대신, 모든 노력이 물랭호텔에 머무를 수밖에 없었다. 이에 대한 추가 설명이 필요하다.

2000년대 초반, 파리에서만 몇 개의 호텔에서 한밤중 화재가 발생하여 그해에만 25명의 사망자가 나왔다. 엄청난 사건이었다. 피해자 중에 특히 외국인 여행자, 난민이 여러 명이어서 더했다. 매스컴에서 난리가 나고, 매서운 여론이 뒤따랐다.

'도대체 관련 행정당국, 공무원들은 무엇을 하는가?'

아니나 다를까. 대대적인 안전 강화 캠페인이 벌어졌다. 경찰청, 파리시청, 소방청 등이 한 조를 이루어서 호텔 현장 방문 검사가 시작되었다. 이 새 제도는 현재도 모든 숙박업소를 대상으로 5년에 한 번씩 진행되고 있다.

특히 첫 번째의 방문 검사 확인 작업의 진행과정이 사뭇 잔인했다. 호텔 입장에서 보자면, 거의 초죽음이 될 수준이었다. 그러나 어쩌랴. 최고의 벌칙이 '호텔 영업 허가권의 취소'였다. 죽기 살기로 이 위기를 무사히 넘겨야 했다. 이때 결심했다.

'나부터 고객들과 함께 잠자야 한다. 화재가 발생한다면 최후까지 남아 모든 사람을 안전하게 대피시킨 후, 불 속에 몸을 던져야 한다. 이 길만이 근무자와 내 가족에게 훗날 떳떳할 수 있을 방법이다'라고.

이렇게 해야 행정당국이 요구하는 엄격한 안전 수칙을 완전하게 만족시킬 방안이라고 각오했다. 그날로부터 나는 호텔 방 하나를 비우고 고객들과 똑같은 상황에서 잠잤다. 아마도 우리는 주인장이 밤 근무자와 함께 호텔에서 잠자는 유일한 업소였을 것이다.

그때로 다시 돌아간다 하더라도 나는 똑같은 결정을 할 것이다. 죽을 각오로 하루하루를 살았다. 그렇게 살아야 했다.

이야기 21

썰물의 추억

옛적, 고교생들이 문학을 이야기하는 모임에 나갔다. 1962년이다. 지금의 문학 동아리, 그때는 '문학 서클'이라 불렀다.

서울 시내 6개 고교, 서울·경복·용산고, 숙명·이화·수도여고의 문예반 고교 1년생들의 모임이었다. 장소가 서대문 쪽이었는데, '신우관'이라는 이름으로 한 기독교 단체가 운영했다. 나지막한 언덕 위에 자리한 2층 건물이 서로 다른 취미를 가진 젊은이들이 만날 수 있는 장소로 제공되었다. 문학 쪽이 우리 모임이었다.

'모임의 이름을 무엇이라고 할까?'

당시 이화여고 교지 《거울》을 편집하던 문예반 심순진 양이 '썰물'을 제안했다. 모임 이름이 썰물이 되었다.

우리들은 일주일에 한 번씩 모여서 각자의 시, 단편, 수필 등을 실은 등

사물을 제작하며 대화했다. 20여 명이 모였고, 선배 황석영 씨, 고 최인호 씨가 때때로 나타났다.

이 모임의 첫날, 신우관을 운영하는 30대 중반 나이의 겸손한 아저씨가 우리들을 맞았다. 이분이 말했다.

"신우관은 미래의 '평범한 사람'을 키우는 것이 모토입니다."

'평범한 사람?'

10대 나이의 우리의 꿈은 작가가 되는 것이었다. 평범한 사람. 그 표현과 뜻을 이해하지 못했다. 많은 시간이 지난 오늘, 이제 이해할 수 있다. 평범한 사람의 의미를 깨닫는 데 평생이 흘러간 셈이다.

60년 전의 신우관, 썰물 그리고 평범한 사람의 의미에 감사한다. 그때, 아저씨 같았던 그분을 다시 만나게 된다면 의미 있는 이야기를 나눌 수 있을 것이다.

썰물의 이미지는 나의 인생 전체를 지배했다.

사진이나 그림 중에서 썰물 이미지가 담긴 작품을 만나면 유독 관심이 쏠렸다. 그런 작품을 만났을 때, 값 안 따지고 사서 물랭호텔 벽에 붙이기도 했다.

그 시절 1962년으로부터 57년이 지난 2019년, 서울에 가 보니 이미 세상을 떠난 친구와 지인들이 많았다. 살아남은 우리는 한국, 미국, 유럽에서 흩어져 살아온 것을 알 수 있었다. 살아온 인생과 직업을 훑어보자니,

의사, 교수, 사업가, 자영업자, 정치인, 교육자 등이었다.

세월이 흘러간 자리에 추억만이 남았다.

인생의 썰물 나이에 이르러, 젊은 날의 썰물 시절을 추억했다.

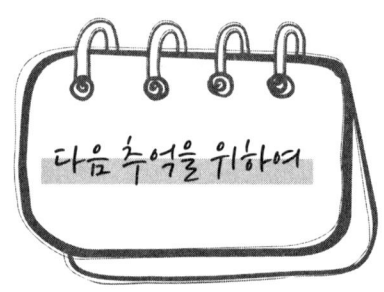

쓰고 나서 보니, 추억 속 기억 중의 10분의 1, 또는 100분의 1 정도밖에 기록하지 못하였음을 깨달았다.

시간이 많이 흘러서 그동안 하루하루 반복되는 일에 매몰되어 마지막 페이지를 덮고 나서야 새록새록- 나를 향하여 되찾아 오는 추억과 기억들이 많았다. 때문에 오늘부터라도 당장 기억 속에 갇혀져 있는 추억을 캐내는 작업을 다시 시작하기로 결심하였다.

살면서 많은 사람을 만났다. 세상에는 참 좋은 사람들이 많다. 물론 그렇지 않은 기억들도 있다. 그러나 여기까지 살아온 것은 다 좋은 사람들에 영향받고 힘입은 바가 크다.

내가 처음부터 말년까지의 삶을 다 해외에서 살기로 한 것은 아니다. 한국에 돌아가서 여생을 봉사하고 싶었다. 나이가 들어서 지인들에게 한 말이 있다.

"외국에서 살아온 경험을 살려 문화부 말단 자원봉사자로 봉사하고 싶습니다."

이를 위한 정년 나이가 넘어서게 되었을 때는 이렇게 생각했다.

"풍광이 아름다워 그 매력에 혼이 다 빠진 제주도에 가서 일하자. 일주일에 한 번은 제주일보에 칼럼 쓰고, 또 한두 번은 제주여중에 가서 초급 프랑스어나 유럽 생활 경험을 이야기하여 주는 자율수업 봉사자가 되어 보자."

그러나 이 또한 이룰 수 없게 되어 자포자기에 빠졌다. 그러면 어떻게 할 것인가?

"오우-케이, 지금까지 3권의 책을 냈으니 앞으로 7권의 책을 더 내어서 한국의 젊은이들에게 유럽 이야기를 들려주자."

과연 이를 해낼 수 있을까. 내 자신을 채찍질하여 본다.

다음 추억을 기약하며, 여러분 한 분 한 분에게 감사를 전한다.

신근수
2019년 6월, 런던